CW00765108

Serie Bianca Feltrinelli

CARLO COTTARELLI

ALL'INFERNO E RITORNO

PER LA NOSTRA RINASCITA SOCIALE ED ECONOMICA

Prima edizione in "Serie Bianca" marzo 2021

Stampa Grafica Veneta S.p.A. di Trebaseleghe - PD

ISBN 978-88-07-17390-5

All’inferno e ritorno

Dedico questo libro a Cremona,
la città dove sono nato e dove ritornerò

È compito della Repubblica rimuovere gli ostacoli di ordine economico e sociale, che, limitando di fatto la libertà e l'eguaglianza dei cittadini, impediscono il pieno sviluppo della persona umana e l'effettiva partecipazione di tutti i lavoratori all'organizzazione politica, economica e sociale del Paese.

Costituzione Italiana, articolo 3

Introduzione

> L'uomo comune aspira dunque, come sempre accade e sempre accadrà, ad un ideale; ha innanzi agli occhi un suo paradiso in terra.
>
> LUIGI EINAUDI

Questo è un libro politico, anche se è scritto da chi politico non è. È un libro politico perché, nel parlare di come la società italiana dovrebbe evolversi e del ruolo dello stato in tale evoluzione, parte da un principio ideale: la pietra angolare della nostra società deve diventare la possibilità, per tutti, di avere un futuro nella vita, indipendentemente dalle condizioni in cui si è nati, indipendentemente dal provenire da una famiglia ricca o povera, in cui i genitori abbiano studiato o meno, del Nord, del Centro o del Sud del paese, indipendentemente dal sesso e dall'orientamento sessuale, o dalle eventuali disabilità. Vorrei che l'Italia fosse un paese dove a tutti sia data questa possibilità, dove la repubblica rimuova davvero gli ostacoli che impediscono il pieno sviluppo della persona umana, come recita l'articolo 3 della nostra Costituzione, e dove siano premiati il merito, l'abilità, l'impegno individuale come condizione per l'efficienza economica e la crescita sostenibile. Penso che da questo ideale di uguaglianza di possibilità e di premio al merito si possa ricavare un'intera agenda politica, in tutti i suoi aspetti sociali ed economici.

È molto importante che le agende politiche partano da una chiara enunciazione del principio ispiratore che le guiderà, da un ideale. Senza tale principio ispiratore, la politica diventa personalismo, opportunismo e cinismo. Si finisce per vivere alla giornata prestando fede a condottieri di ventura che vanno, e portano, dove tira il vento. Se questo vi ricorda quello che è stata la politica italiana negli ultimi trent'anni, non siete i soli.

Quindi, un libro politico, o almeno il più politico dei miei libri. Ma, visto che ogni politica deve essere inquadrata in un contesto economico e sociale specifico e non astratto, nella sua prima parte il libro descrive l'Italia del 2020, quella colpita dalla sua peggiore crisi dalla Seconda guerra mondiale, la crisi del Covid. Questi sviluppi hanno messo in luce le nostre debolezze, ma anche qualche nostro punto di forza, compresa la capacità delle nostre imprese di rispondere, in condizioni di emergenza, meglio di quanto tanti avrebbero pensato. Dalla crisi, dall'inferno del titolo, stiamo ora, seppur lentamente, emergendo. Ma "il ritorno" di cui abbiamo bisogno non può essere semplicemente un ritorno all'Italia del 2019. Quell'anno aveva concluso il peggior ventennio nella storia economica del nostro paese, perlomeno in termini di crescita.

Per ripartire davvero e poi recuperare il terreno perso rispetto al resto dell'Europa servono riforme radicali nella nostra società e nella nostra economia, così da attuare l'ideale di possibilità enunciato dall'articolo 3 della Costituzione. Queste riforme sono descritte nella seconda parte del libro, dopo aver chiarito, nei suoi diversi aspetti, come tale ideale debba essere inteso concretamente e come il principio dell'uguaglianza di possibilità e del premio al merito debba essere conciliato e moderato da principi di solidarietà, che restano fondamentali. E, se magari siete stanchi di sentir parlare di Covid-19, di Mes, di Recovery Fund e simili, potete concentrarvi soprattutto su questa seconda parte: per chi come me ci crede, il futuro è sempre meglio del passato.

Ringrazio i giovani economisti che hanno lavorato negli ultimi anni presso l'Osservatorio sui conti pubblici dell'Università Cattolica di Milano, che sono gli autori di molte delle note da cui sono tratte le informazioni incluse in questo libro. Ringrazio anche Roberto Basso, Sonia Bignozzi, Lorenzo Bini Smaghi, Carlo Calenda, Matilde Casamonti, Ferruccio de Bortoli, Alessandro De Nicola, Giampaolo Galli,

Giulio Gottardo, Enrico Letta, Valeria Miceli, Giorgio Musso, Simonetta Nardin, Stefano Olivari, Raffaela Palomba, Federica Paudice e Francesco Tucci per i commenti ricevuti; e Chiara Girolami per l'aiuto nella finalizzazione editoriale del lavoro.

I diritti d'autore del libro saranno devoluti a Save the Children – Italia.

PARTE PRIMA
All'inferno...

Vedi la bestia per cu' io mi volsi;
aiutami da lei, famoso saggio,
ch'ella mi fa tremar le vene e i polsi.

DANTE ALIGHIERI

1.
Le tre crisi

> IGOR: "Potrebbe essere peggio."
> FRANKENSTEIN: "E come?"
> IGOR: "Potrebbe piovere."
>
> Dal film *Frankenstein Junior*

Nel febbraio 2020 l'Italia è stata colpita da tre crisi. La prima, quella sanitaria legata alla pandemia di Covid-19, ha portato a un aumento dei malati e della mortalità su livelli del tutto inusuali. La seconda, quella economica, derivata dalla prima, si è manifestata in una caduta del nostro reddito di proporzione non sperimentata dalla Seconda guerra mondiale. Questa caduta seguiva il peggiore ventennio della storia economica d'Italia: insomma, pioveva, anzi diluviava, sul bagnato. La terza crisi, quella finanziaria, ha preso forma nel corso del febbraio 2020 ed è sembrata aggravarsi ai primi di marzo, con un'impennata dei tassi di interesse sui titoli di stato italiani che metteva in dubbio la possibilità per lo stato di trovare risorse per fronteggiare le prime due crisi. È stata però presto interrotta da un massiccio afflusso di fondi europei, che la mantengono oggi allo stato latente, potenziale, nonostante un nuovo balzo nel nostro debito pubblico, ora ai livelli più alti da quando l'Italia è una nazione. Capire l'interrelazione tra queste tre crisi e i rischi che permangono è l'oggetto di questo primo capitolo.

La crisi sanitaria e la spesa per la sanità

Non ho molto da dirvi sugli aspetti puramente medici della crisi, sul perché questo virus sia stato particolarmente pericoloso, sui suoi meccanismi di diffusione, sulle prospettive per nuovi casi del genere. Ci vorrebbe un virologo, e di libri su questi temi ormai ce ne sono tanti. Non voglio neppure farvi una cronistoria del diffondersi dell'epidemia in Italia, degli errori commessi e dell'eroismo del nostro personale sanitario. Anche di questo tanti hanno già scritto. Mi limito, quindi, a una questione specifica su cui si è fatta tanta retorica ma poca analisi: in quale misura la gravità della crisi sanitaria sia stata dovuta ai tagli nella spesa pubblica per la sanità che si sono verificati dopo il 2009. Vi anticipo la risposta: c'è stato probabilmente un effetto, soprattutto per i tagli relativi al numero di infermieri e medici, ma la crisi sarebbe stata molto seria in ogni caso. Ciò detto, non c'è dubbio che, guardando in avanti, la spesa sanitaria in Italia debba essere rafforzata, come vedremo nel capitolo 6. Ma cominciamo dai fatti.

Cos'è accaduto alla spesa pubblica sanitaria negli ultimi vent'anni? Nel primo decennio del secolo la spesa aumentò rapidamente da 68 miliardi nel 2000 a 113 miliardi nel 2010.[1] Con l'arrivo della crisi economica e con il crollo del reddito italiano e delle entrate dello stato, anche la spesa sanitaria venne tagliata, scendendo a circa 110 miliardi nel 2013. Poi iniziò la risalita che portò gradualmente la spesa a 116 miliardi nel 2019, con un ulteriore aumento di un paio di miliardi previsto (pre-Covid) per il 2020. Perché allora si parla di tagli di 37 miliardi, come calcolato dalla Fondazione Gimbe, specializzata nel settore sanitario, una cifra ampiamente pubblicizzata nel marzo 2020 dai media?[2] In realtà, tagli di 37 miliardi non si sono verificati, perlomeno nel senso in cui si intende di solito il termine "taglio", ossia riduzione della spesa annuale rispetto al passato. Innanzitutto, i 37 miliardi si riferiscono alla minor spesa *cumulata* nel periodo 2010-19: quindi non si tratta di un taglio di 37 miliardi l'anno – tagli senza i quali la spesa sanitaria nel 2019 sarebbe stata di 153 miliardi (116+37) –, ma della somma cumulata dei tagli dei diversi anni. Secondo punto, i cosiddetti "tagli" sono calcolati in termini di minor spesa rispetto a un sentiero di crescita della spesa stessa previsto inizialmente. Chiariamo entrambi questi due aspetti con un esempio: supponiamo che si prevedesse (e si fosse messo a bilancio) un aumento della spesa da un livello iniziale di 100 miliardi a 102 miliardi nel primo anno, a 104 miliardi nel secondo anno e a 106 nel terzo anno, e che poi il governo in carica avesse invece deciso di mantenere la spesa a 100 miliardi nei tre anni successivi, quindi senza aumenti, ma anche senza tagli rispetto al passato. In questo esempio, nel calcolo usato dalla Fondazione Gimbe, il taglio, cumulato e rispetto alla previsione iniziale, sarebbe di 2+4+6 miliardi ossia di 12 miliardi, quando invece la spesa, nell'esempio, è rimasta costante. Niente di sbagliato nel far questo. Basta capirsi su ciò che si intende con la parola "taglio". Come ho detto, normalmente con "taglio" ci si riferisce a una riduzione della spesa annuale rispetto a periodi precedenti. In questa più comune definizione, il taglio della spesa sanitaria italiana è stato solo di 3 miliardi tra il massimo raggiunto nel 2010 e il minimo raggiunto nel 2013.

C'è però un motivo più legittimo di parlare di tagli più consistenti di 3 miliardi. I dati sopra riportati sono in miliardi di euro. Ma sappiamo che ogni anno i prezzi, anche dei prodotti sanitari, tendono a salire (ora no perché ci troviamo in un periodo di crisi, ma in passato c'è sempre stata un po' di inflazione). Questo significa che i miliardi di spesa di oggi valgono meno di quelli di ieri. Se guardiamo allora alla spesa sanitaria in termini "reali" (cioè in termini di potere d'acquisto), il taglio fra il 2010 e il 2013 appare di una decina di miliardi, senza alcun recupero negli anni successivi.[3] Quindi i tagli ci sono stati, anche se inferiori a quelli riportati nel dibattito mediatico: al netto dell'inflazione, si è trattato di 10 miliardi, non di 37.

In corrispondenza di questi tagli alla spesa sanitaria si è verificata anche una riduzione di alcune risorse a disposizione del Servizio sanitario nazionale,[4] per esempio la disponibilità dei posti letto generici. Questa è una tendenza presente in tutto il mondo, ma il calo è stato più forte in Italia. I posti letto in terapia intensiva, i più rilevanti per l'emergenza Coronavirus, sono invece aumentati fra il 2010 e il 2018 di quasi il 6 per cento, e sul finire del periodo risultavano (con 10,6 posti letto ogni 100.000 abitanti) solo di poco al di sotto della media dei paesi Ocse (12 posti letto): eravamo sotto Francia, Austria, Stati Uniti e, soprattutto, Germania, ma sopra Olanda, Spagna, Norvegia e Giappone.

Passiamo al personale. Il numero dei medici si è ridotto del 4,7 per cento tra il 2010 e il 2017, anche se a fine 2017 il loro numero ogni 100.000 abitanti (214) era superiore alla media dei paesi dell'Unione Europea (202). C'è stato un calo (del 7,2 per cento tra il 2010 e il 2017) anche riguardo agli infermieri, un po' sotto la media dell'Unione Europea (432 infermieri ogni 100.000 abitanti contro una media di 448). Nel valutare questi numeri è però necessario tenere conto del fatto che i principali paesi europei (Francia, Germania, Regno Unito) hanno tutti un numero di infermieri e medici superiore al nostro. È anche questo un segno di quanto il nostro paese si sia impoverito negli ultimi vent'anni rispetto a paesi un tempo simili a noi.

In quale misura questa riduzione di risorse per il Servizio sanitario nazionale ha complicato la risposta alla pandemia? Nei media è prevalsa l'opinione che l'effetto sia stato consistente, ma occorre un'analisi più accurata. Nel 2018 la nostra spesa sanitaria pubblica, anche rispetto al nostro reddito (cioè in rapporto al Pil), al 6,4 per cento, era più bassa che in Francia (8,3 per cento), Germania (8,9 per cento), Gran Bretagna (7,9 per cento) e Giappone (9,2 per cento).[5] Ma non sembra esistere una chiara correlazione tra gravità della pandemia (misurata per esempio in numero di decessi ogni 100.000 abitanti) e livello della spesa sanitaria pre-pandemia. Nella triste classifica del 2020 dei decessi per Covid-19 ogni 100.000 abitanti, l'Italia è al terzo posto tra i paesi avanzati. Prima dell'Italia compaiono Belgio e Slovenia, quest'ultimo con una spesa sanitaria più alta dell'Italia sia in termini di Pil (7,8 per cento) sia in termini di spesa pubblica pro capite (50 per cento più alta dell'Italia a parità di potere d'acquisto). In generale, se confrontate in un grafico il numero di decessi per Covid nel 2020 con i livelli di spesa sanitaria rispetto al Pil o in termini pro capite nel 2018-19, non trovate nessuna relazione negativa (più spesa, meno decessi). Anche analisi attraverso tecniche di regressione statistica indicano che il livello della spesa sanitaria non spiega le differenze nel numero dei decessi tra i diversi paesi.[6] Sembrano invece aver influito maggiormente l'anzianità della popolazione – cosa che non deve stupire visto che il 95 per cento delle vittime aveva più di sessant'anni – e il grado di inquinamento atmosferico.

Perché la spesa sanitaria non spiega le differenze tra paesi nel numero dei decessi da Covid? Forse perché nell'allocare quella spesa nessuno aveva in mente che il mondo potesse essere colpito da una pandemia. La spesa sanitaria era volta a difenderci da tumori, malattie cardiocircolatorie, diabete, ma i virus sembravano una cosa del passato. Abbiamo capito che non lo sono.

Lo stesso vale all'interno delle regioni italiane. Il numero di vittime ogni 100.000 abitanti è stato molto più elevato al Nord, colpito dal contagio prima del Sud. Tra le regioni del Nord, la Lombardia ha avuto più del doppio dei morti del Veneto, anche se entrambe hanno livelli di spesa pubblica, dotazione di medici, infermieri e posti in terapia intensiva simili e con simili tendenze nel corso degli ultimi dieci anni. Potrebbero aver influito, anche qui, il fatto che la Lombardia sia stata colpita prima delle altre regioni, oltre che eventuali errori nella gestione della crisi (per esempio, nel circoscrivere i contagi), soprattutto in una fase iniziale. Le epidemie si diffondono in modo esponenziale, non lineare, il che implica che piccoli errori iniziali possono causare grosse differenze nei risultati finali.

La crisi economica

Già prima del Covid non eravamo certo messi bene da un punto di vista economico. Nei vent'anni fra il 1999 e il 2019 la crescita del Pil reale (il Prodotto interno lordo al netto dell'inflazione) era stata tra le più basse al mondo. Su 182 paesi per cui il Fondo monetario internazionale pubblica dati sul Pil per quel periodo, eravamo al centosettantesimo posto. Peggio di noi avevano fatto solo paesi come Libia, Venezuela, Zimbabwe, Yemen, Puerto Rico e Repubblica Centrafricana. In Europa avevano una posizione più bassa solo la Grecia e, di poco, San Marino (forse trovarsi nel cuore dell'Italia non lo ha aiutato).[7] Insomma, l'Italia non era certo nelle migliori condizioni per affrontare un nuovo shock che da sanitario si è presto trasformato in economico.

Quali sono i canali attraverso cui una crisi da sanitaria diventa anche economica? Il primo effetto è quello delle misure di contrasto al contagio che vengono messe in atto. I lockdown, ossia le chiusure (abbiamo – sorpresa! – anche un'espressione italiana con lo stesso significato), impediscono o perlomeno ostacolano la produzione: se si sta a casa non si può produrre (escluso chi fa "lavoro agile"). E qui non si scappa: il Prodotto interno lordo si chiama così perché deve essere, appunto, prodotto. Non esistono misure di politica economica che possano evitare la caduta del Pil dovuta a vincoli che limitano la produzione stessa. Che è successo in Italia? La fase più pesante delle chiusure è stata quella compresa tra l'inizio di marzo e l'inizio di maggio 2020 (le chiusure nell'autunno-inverno 2020-21 sono state meno stringenti), con un conseguente crollo vertiginoso della produzione. L'Istat non pubblica stime mensili del nostro Pil, ma dai dati trimestrali e da vari indicatori mensili si può stimare che nell'aprile 2020 la produzione sia calata di quasi un quarto rispetto all'inizio dell'anno.

Con le riaperture di maggio è iniziato il rimbalzo: già a giugno il calo rispetto a gennaio si era ridotto all'11 per cento. Ma è a questo punto che la produzione, pur ancora frenata da varie forme di limitazione in vari settori (pensiamo, per esempio, allo spettacolo o al turismo), ha cominciato a risentire di un secondo fattore: il calo della domanda da parte delle famiglie e delle imprese. Se anche un'impresa può produrre perché sono finite le chiusure, lo farà solo se pensa di poter vendere. Se non c'è abbastanza domanda per i beni e i servizi offerti, l'impresa non produrrà comunque.

Ora, ci sono due motivi per cui in una pandemia la domanda si riduce pesantemente. Il primo è che, se la gente è stata a casa e non ha potuto lavorare, ha perso in parte le proprie entrate, ha meno soldi in tasca e quindi spende meno. Il secondo motivo, che influisce anche su chi i soldi in tasca li ha, è l'incertezza, la paura. Nel mezzo di una pandemia persiste un'enorme incertezza sull'evoluzione della situazione sanitaria, e quindi economica, soprattutto quando si ha a che fare con un virus del tutto nuovo. Ci saranno nuove ondate? Torneranno le chiusure? Quanti perderanno il lavoro dopo la fine del blocco dei licenziamenti? E quando si è incerti si tende a non spendere. Magari una famiglia intendeva comprarsi un'auto nuova, ma rimanda l'acquisto all'anno successivo. Un'impresa intendeva investire per espandere i propri impianti, ma non lo fa perché non è sicura di quanto durerà la crisi. E così via. La propensione al risparmio del settore privato aumenta quando la gente teme per il proprio futuro.

Questa potenziale carenza di domanda può diventare la causa principale del calo della produzione una volta finite o attenuate le chiusure. Per fortuna, le politiche economiche possono far qualcosa per sostenere la domanda da parte di famiglie e imprese. Lo stato, indebitandosi, può trovare le risorse per reintegrare, almeno in parte, il reddito delle famiglie e delle imprese: hai perso 100, lo stato ti dà indietro 70 o 80. È questo il meccanismo, per esempio, della cassa integrazione. Lo stato può anche offrire incentivi perché tu, se hai soldi in tasca, li spenda: è il caso dell'ecobonus o del buono mobilità. Infine, lo stato può spendere direttamente comprando beni e servizi, per esempio per prodotti sanitari che, se acquistati da imprese italiane, stimolano la produzione nazionale. Sono queste le cosiddette politiche keynesiane, dal nome di John Maynard Keynes, il più grande economista del XX secolo che, sulla scia della Grande recessione degli anni trenta, nel 1936 pubblicò *The General Theory of Employment, Interest and Money*, di cui esiste una recente nuova traduzione in italiano di Giorgio La Malfa per i Meridiani Mondadori. Nel libro, Keynes sostiene che in certe situazioni l'economia di mercato è incapace di (o ci mette troppo tempo a) ritornare a livelli di piena occupazione senza un'azione di sostegno alla domanda da parte dello stato attraverso un aumento del deficit pubblico.

Quindi, non c'è da sorprendersi se, come peraltro era già avvenuto in occasione della crisi finanziaria del 2008-09, per attenuare gli effetti della recessione per Covid in quasi tutti i paesi sono state adottate politiche di bilancio molto espansive. Per capire quanto sia stata potente la risposta dei vari paesi basta guardare cosa è successo ai deficit pubblici. Il deficit pubblico è la differenza tra le spese dello stato, cioè quello che lo stato dà all'economia, e le entrate dello stato, soprattutto tasse, cioè quello che lo stato toglie all'economia. Il deficit pubblico è quindi quello che, in termini netti, lo stato mette nell'economia. Se guardiamo all'Italia il deficit pubblico nel 2019 è stato di circa 30 miliardi. Nel 2020 è salito a circa 180 miliardi, si è sestuplicato. Rispetto alla dimensione dell'economia, cioè rispetto al Pil, il deficit è passato dall'1,6 per cento a quasi l'11 per cento, un'espansione di 9 punti percentuali e mezzo, portandosi sui livelli più elevati registrati nel dopoguerra.[8] Questo per effetto di misure espansive (i vari "decreti" introdotti a marzo, giugno, agosto più gli innumerevoli successivi decreti "ristoro") e del minore incasso di tasse dovuto alla caduta del reddito degli italiani.

Lo stesso è successo altrove. Il record l'hanno raggiunto gli Stati Uniti dove il deficit pubblico è stimato essere cresciuto da un po' più del 6 per cento del Pil nel 2019 al 18 e mezzo per cento, un aumento di 12,5 punti percentuali. Persino la prudente Germania è passata da un surplus dell'1,5 per cento nel 2019 a un deficit superiore all'8 per cento, un'espansione di 9,5 punti percentuali, quindi come l'Italia e non troppo distante da quella americana, al di là della presunta diversa filosofia economica, più austera, seguita tradizionalmente da quel paese.[9] Quando piove, tutti aprono l'ombrello, al di là delle fedi economiche...

Questa azione espansiva non ha potuto evitare la caduta del Pil, in Italia e all'estero, anche perché, come spiegato sopra, non c'è politica economica che possa rimediare all'effetto delle chiusure. Ma le cose sarebbero andate molto peggio se il deficit pubblico non fosse aumentato. Grazie Keynes...

Ora però va chiarito un altro punto. E questo ci porta a parlare della terza crisi, quella che non fu, per ora.

La crisi che non fu

Non basta dire che, in certe circostanze, occorre fare più deficit pubblico. Se le spese pubbliche superano le entrate pubbliche lo stato deve colmare la differenza, e per farlo deve trovare qualcuno che gli presti i soldi. È come per una famiglia le cui spese sono 100 e le entrate sono 90: ha un deficit di 10 e quei 10 li deve chiedere in prestito in banca, aumentando il debito già contratto in passato. Nel caso dello stato, il deficit viene finanziato soprattutto emettendo titoli di stato, BTP, BOT e simili, e i titoli emessi per finanziare il deficit aumentano di pari misura il debito pubblico. Ogni anno, l'aumento di quest'ultimo è, a parte un insieme di poste contabili che qui tralasciamo per semplicità, più o meno pari al deficit.

Ora, se uno stato ha inizialmente un debito pubblico basso, allora aumentarlo non è un grosso problema. Se invece uno stato è già molto indebitato, allora indebitarsi ulteriormente non è così semplice perché chi presta soldi a quello stato comincia a chiedersi se il debitore sarà in grado di restituirli. Ed è così che, nel corso di febbraio 2020, quando si è iniziato a capire che l'Italia sarebbe stata colpita da una grave crisi sanitaria con inevitabili ripercussioni per l'economia e per la finanza pubblica, quando cioè si è capito che lo stato italiano avrebbe dovuto emettere una quantità inusuale di BTP per finanziare il crescente deficit, allora chi compra solitamente titoli di stato italiani (banche e compagnie di assicurazione italiane ed estere, fondi di investimento, imprese, individui) ha sì continuato a comprarli, ma ha preteso un tasso di interesse più elevato per compensare il rischio di non essere ripagato.

A metà febbraio 2020 il tasso di interesse sui BTP con scadenza decennale era intorno all'1 per cento e lo spread (la differenza tra tasso di interesse sui BTP e quello dei corrispondenti titoli tedeschi) era all'1,4 per cento. Poi, il tasso di interesse ha iniziato a salire, prima lentamente, poi in modo più rapido, sfiorando il 3 per cento (300 punti base) a metà marzo, con uno spread superiore ai tre punti percentuali (visto che la Germania aveva tassi di interesse negativi).

Cosa aveva determinato questo improvviso balzo? Il 12 marzo la Banca centrale europea (Bce) annunciò la propria risposta alla crisi economica che si stava sviluppando in Europa. Mise sul piatto 120 miliardi per tutta l'area dell'euro, sotto forma di acquisti di titoli di stato, di cui una ventina sarebbero venuti all'Italia. Non molto di fronte alla crisi che si stava sviluppando. Oltre a questo, nel rispondere a una domanda di una giornalista nella conferenza stampa tenuta nello stesso giorno, Christine Lagarde, presidente della Bce dopo Mario Draghi, affermò che "non siamo qui per ridurre gli spread. Non è la missione della Bce, ci sono altri strumenti e altre istituzioni incaricate di farlo". Era una gaffe, ossia qualcosa di non inteso? O era il segnale del prevalere dei "falchi" all'interno del consiglio della Bce? La seconda ipotesi sembrò quella più credibile per i mercati: gli spread subirono un'impennata e le borse, soprattutto quella di Milano, crollarono. L'Italia, un paese già indebitato e che avrebbe dovuto indebitarsi ancor di più, si trovava ad affrontare da sola la difficile prova della crisi economica da Covid. Così stava prendendo piede una crisi finanziaria di portata forse maggiore di quella del 2011-12.

I commentatori italiani attaccarono pesantemente Christine Lagarde, la Bce e l'intera Europa: ma come, l'Italia veniva colpita da un virus cinese e l'Europa se ne stava ferma? Il presidente Mattarella, lo stesso 12 marzo alle 20.05, dovette intervenire con una nota, diffusa anche su Twitter, che vale la pena riportare integralmente: "L'Italia sta attraversando una condizione difficile e la sua esperienza di contrasto alla diffusione del coronavirus sarà probabilmente utile per tutti i Paesi dell'Unione Europea. Si attende, quindi, a buon diritto, quanto meno nel comune interesse, iniziative di solidarietà e non mosse che possono ostacolarne l'azione".

Fortunatamente, era stata una gaffe. Oppure, forse, servì qualche giorno in più perché, sull'onda della reazione negativa dei mercati, all'interno della Bce prevalessero le "colombe". Fatto sta che, di fronte al chiaro rischio del materializzarsi di uno scenario in cui l'Italia sarebbe stata travolta da una crisi finanziaria, trascinando poi con sé l'intera Europa, la Bce cambiò drasticamente rotta. Il suo intervento nei giorni successivi divenne possente e, affiancato dalle misure che l'Unione Europea stava mettendo in piedi, riuscì a tranquillizzare i mercati finanziari. Gli spread iniziarono a ridursi. I tassi di interesse sui BTP nell'autunno 2020 sono scesi a livelli mai visti da quando esiste lo stato italiano. Il prossimo capitolo approfondisce più nel dettaglio il ruolo dell'Europa nella gestione della crisi economica. Ma prima vale la pena guardare agli effetti finali che la crisi ha avuto sull'economia italiana nel 2020 e... a un paio di altre cose.

Non siamo più i fanalini di coda, ma è stato comunque un "annus horribilis"

Il 2020 sarà ricordato come il peggiore anno economico dalla fine della Seconda guerra mondiale. Eppure, in questa corsa di gamberi, non ne siamo usciti male rispetto al resto dell'Europa.

Eravamo il fanalino di coda prima del Covid. La crisi sanitaria ci ha colpito in modo violento. Eppure la nostra economia ha sofferto meno di tante altre. Il 2020 si è chiuso con una caduta del Pil, in termini reali, stimabile, mentre questo libro va in stampa, all'8,8 per cento, solo di poco superiore alla caduta del Pil nell'Unione Europea. Al contrario di quello che era successo per quasi vent'anni, quando ci contendevamo il posto con la Grecia, non siamo più gli ultimi. Certo, ancora una volta la Germania ha fatto meglio di noi, e di parecchio. È riuscita a contenere la caduta del suo Pil al 5 per cento. In generale, i paesi "nordici", come l'Olanda e la Finlandia, hanno fatto meglio di noi. Ma la Francia ha subìto una caduta del Pil simile alla nostra (–8,3 per cento) e ha fatto molto peggio la Spagna (–11 per cento), che negli ultimi anni ci aveva lasciato indietro alla grande. È andato male anche il Regno Unito (–10 per cento) che negli ultimi anni era cresciuto più degli altri grandi paesi europei. Certo, aver affrontato un tracollo proprio nell'anno della Brexit... Non ne sarà stata la causa scatenante, ma quantomeno non ha portato bene.

Perché l'Italia non è stata più il fanalino di coda? Troppo presto per dirlo visto che i dati sul 2020 sono ancora incompleti. Due cose però possono aver aiutato. La prima è che noi siamo ancora un paese molto manifatturiero. E i paesi manifatturieri hanno sofferto meno di quelli in cui i servizi (più esposti alle chiusure) sono relativamente più estesi.[10] La seconda è che abbiamo un tessuto produttivo composto da imprese di piccola e media dimensione che, forse, sono state in grado di rispondere in modo più flessibile allo shock. Insomma, in un anno in cui tanti lavoratori non sono potuti andare al lavoro in marzo e aprile, una volta riprese le attività, le fabbriche ce l'hanno messa tutta per recuperare terreno, magari evitando le ferie estive, cosa che le imprese più grandi, in Italia e all'estero, hanno avuto più problemi a fare.

Resta però che il 2020 è stato, per l'Italia, per l'Europa e per il mondo un *annus horribilis*. A livello globale si è perso il 3 e mezzo per cento del Pil reale, secondo le più recenti stime del Fondo monetario internazionale. Da quando le serie storiche sono disponibili, ossia dagli anni settanta del secolo scorso, il Pil mondiale era sceso solo una volta, nel 2009, e solo dello 0,2 per cento.

Perché una pandemia relativamente contenuta rispetto al passato ha avuto effetti economici così pesanti?

A questo punto ci si deve porre una domanda. Come mai la crisi è stata così pesante? Facciamo qualche confronto. L'influenza spagnola del 1918-20 causò, si stima,

50 milioni di morti, circa il 2,7 per cento della popolazione mondiale.[11] L'influenza asiatica causò 1,1 milioni di morti nel 1957-58, lo 0,04 per cento della popolazione mondiale. L'influenza di Hong Kong del 1968-69 causò 1 milione di morti, lo 0,03 per cento della popolazione mondiale. Non sappiamo ancora quanti saranno in tutto i decessi causati dal Covid, ma si può pensare che, con circa 1,8 milioni di vittime nel 2020, e con i vaccini in arrivo, si possa arrivare a 3 milioni in totale, lo 0,04 per cento della popolazione mondiale attualmente stimata in circa 7,8 miliardi. Si tratterebbe di una pandemia di dimensione rilevante, ma niente di comparabile alla spagnola. L'impatto della spagnola, in termini di vittime in rapporto alla popolazione mondiale, fu 60-70 volte più forte.

Eppure gli effetti economici delle precedenti pandemie sembrano essere stati inferiori. Trovare dati annuali del Pil mondiale per periodi storici molto lunghi è alquanto difficile. Ma ci può aiutare guardare a quello che accadde negli Stati Uniti in occasione della spagnola. All'epoca la pandemia causò nel paese circa 675.000 morti, circa lo 0,6 per cento della popolazione americana. Nel 1919-20 ci fu un calo del reddito pro capite ma di piccole dimensioni (e senza che si attuassero le politiche monetarie e fiscali ultra-espansive adottate in questa occasione).[12] Niente di comparabile quindi agli effetti che il Covid sta avendo nel mondo. E, del resto, la letteratura sulle conseguenze economiche di passate pandemie è piuttosto modesta. Chi ha mai scritto volumi sugli effetti economici della spagnola?[13]

Non è chiaro perché una pandemia di dimensioni molto più contenute rispetto all'influenza spagnola abbia avuto un effetto così dirompente sull'economia mondiale. Una possibilità è che la propensione ad accettare perdite umane per non danneggiare l'economia si sia ridotta nel tempo. Oggi, per limitare le perdite umane siamo disposti a porre maggiori vincoli all'economia. Possiamo parlare di progresso e di maggior attenzione al costo delle perdite umane rispetto alle perdite economiche. Potrebbe anche essere l'effetto della più diffusa informazione: cento anni fa i più poveri e meno istruiti non avevano probabilmente neppure idea del rischio sanitario che potevano correre continuando a lavorare in ambienti sovraffollati, e così facevano. Ora c'è molta più consapevolezza. Un'altra possibilità è che nel passato i costi umani di una crisi economica fossero molto più elevati degli attuali. Un secolo fa, quando il reddito pro capite e la ricchezza erano molto inferiori a quelli di oggi, le crisi economiche erano più difficili da affrontare senza seri rischi anche per la sopravvivenza propria e dei propri familiari. Nel 1920 l'Europa occidentale aveva un reddito pro capite confrontabile, in termini di potere d'acquisto, a quello attuale dei paesi africani.[14] Le crisi economiche all'epoca in Europa, come ora in Africa, portavano davvero a morire di fame. E allora tanto valeva forse morire di influenza piuttosto che di povertà.

Alcune osservazioni da cittadino su come abbiamo gestito la crisi

Concludo questo capitolo con qualche riflessione non più da economista, ma da cittadino, su alcuni aspetti del rapporto tra stato e individuo evidenziati durante la crisi Covid.

Prima riflessione: come quasi tutti, eccetto chi era al governo, mi sono trovato dalla parte di quelli che ricevevano "istruzioni" su come rispondere alla crisi. Queste istruzioni sono state condensate in una serie di Dpcm che hanno introdotto vincoli alla libertà personale che mai la stragrande maggioranza di noi aveva sperimentato. In generale, mi sembra che la popolazione abbia reagito bene, con senso di responsabilità (forse un po' meno durante l'estate 2020...). E, d'altra parte, occorre riconoscere che il governo si è trovato ad affrontare una situazione del tutto nuova e di una gravità non sperimentata da decenni. È facile criticare dall'esterno. Più difficile è prendere decisioni in mancanza di informazioni complete, sotto la pressione dell'urgenza e con i mille morti al giorno che abbiamo sfiorato nel marzo 2020 e, di nuovo, a novembre.

Detto questo, la mia sensazione è che un po' troppo

spesso siamo stati trattati da sudditi, piuttosto che da cittadini responsabili. Non entro qui nelle questioni di legittimità costituzionale dei provvedimenti di restrizione che vennero presi all'inizio della pandemia. Giuristi del calibro di Sabino Cassese si sono espressi in modo molto negativo su come il governo introdusse tali restrizioni, soprattutto riguardo al primo Dpcm.[15] La questione è più generale. Prendiamo per esempio le comunicazioni televisive del presidente Conte durante i primi mesi della pandemia. Consistevano essenzialmente di tre parti. Nella prima si descriveva la gravità della situazione. Nella seconda si rassicuravano gli ascoltatori sulla capacità degli italiani di rispondere a tale gravità, con l'aiuto delle ampie risorse poste in campo dallo stato. Nella terza si elencavano le restrizioni.

All'ascoltatore, perlomeno a me, sarebbe piaciuto avere una più chiara spiegazione del perché certe restrizioni, piuttosto che altre, venivano imposte. Perché, per esempio, a marzo 2020 si decise di imporre uguali pesanti restrizioni sull'intero territorio nazionale, invece di "chiudere" solo le regioni maggiormente colpite, come poi è stato fatto in autunno, nonostante le diversità tra regioni fossero meno evidenti che nella precedente primavera? Spiegazioni chiare, intendo, non semplici riferimenti al rischio che la situazione peggiorasse. Ed è stato così per ogni provvedimento, fino almeno all'autunno del 2020, anche se poi le cose sono un po' cambiate.[16] Del resto, il suddito non deve capire, deve solo obbedire.

Non metto in dubbio che ci saranno stati ottimi motivi per fare una scelta piuttosto che un'altra. Ma perché non dare chiare spiegazioni? Perché, altro esempio, non riconoscere dall'inizio che il governo stava prendendo decisioni che non erano sempre in linea con le raccomandazioni del Comitato tecnico-scientifico? Questa mancanza di trasparenza si è resa evidente quando, nell'autunno 2020, la Fondazione Einaudi ha chiesto la pubblicazione degli atti del Comitato. L'accesso è stato inizialmente negato dal governo e la questione è arrivata al Consiglio di Stato.[17] Alla fine, sotto la pressione dell'opinione pubblica, un primo gruppo di verbali è stato pubblicato, seguito poi da numerosi altri. Da questi è emerso che il governo non aveva sempre seguito le raccomandazioni del Comitato, come per esempio in occasione della chiusura totale del 9 marzo.[18] Sia chiaro, liberissimo il governo di agire come ritiene opportuno. Chi governa deve tener conto di fattori di carattere più generale che i tecnici non sono tenuti a considerare. Ma perché non dirlo chiaramente? Perché non spiegare ai cittadini le considerazioni che portarono a certe decisioni? E perché opporsi, mesi dopo i fatti, alla pubblicazione dei verbali? Perché noi cittadini non dovremmo pretendere maggiore trasparenza? E perché quando, in autunno, sono stati introdotti criteri oggettivi, o quasi, per determinare l'entità delle chiusure (i colori delle regioni) non è stato fornito un chiaro documento sul famoso "algoritmo" con cui i 21 indicatori venivano combinati per colorare una regione? Che ci fosse una domanda da parte del pubblico per una maggiore trasparenza era evidente: una nota che ho scritto, insieme a Giulio Gottardo e Stefano Olivari, per chiarire la questione (nei limiti del possibile) ha raccolto rapidamente un milione di visualizzazioni sul sito di "Repubblica".[19]

La seconda riflessione riguarda un tema che mi è stato sempre molto caro: quello dell'eccesso di regole e dell'incapacità della burocrazia italiana di muoversi rapidamente. I Dpcm sono stati un esempio lampante di tale eccesso. Qualcuno dirà che non è così. Non si è dato piuttosto spazio alle autocertificazioni? La mia risposta è che le autocertificazioni, in tanti casi, non erano che inutili pezzi di carta. Un'autocertificazione ha senso solo se c'è la possibilità di andare poi a controllare la validità di quanto affermato, altrimenti tanto varrebbe fidarsi delle persone. Un buon esempio è dato dall'autocertificazione con cui, dopo il Dpcm del 4 maggio 2020, i cittadini potevano attestare di uscire di casa per andare a visitare parenti fino al sesto grado e affini fino al quarto grado.[20] Ma che rilevanza può avere un'autocertificazione di questo tipo? Qualcuno è mai andato a controllarne la validità? E come sarebbe stato possibile visto che, comunque, per motivi di privacy non si era tenuti a indicare il nome del parente da visitare? E se nessuno poteva andare a controllare che senso aveva richiedere la compilazione dell'autocertificazione? Misteri della burocrazia. A un certo punto si è arrivati a prevedere che si autocertificasse il fatto di essere in giro per svolgere "attività motoria". Ma scusate, se sto camminando per strada (questa è un'attività motoria, no?), devo autocertificare che sto camminando per strada? Non parliamo poi di tutti i moduli per autocertificare che, entrando in un edificio pubblico, non si avessero sintomi da Covid-19: qualcuno è stato mai accusato di aver rilasciato una falsa dichiarazione?

L'impressione che ho è che, spesso, l'eccesso di norme rifletta non tanto l'esigenza di indurre a certi comportamenti quanto il tentativo per l'autorità di "lavarsi le mani" dei problemi. Mi spiego con un altro esempio. L'11 agosto il presidente della Regione Sardegna Christian Solinas emanava un'ordinanza grazie alla quale si consentiva di continuare le attività che hanno luogo in discoteche (nella settimana di Ferragosto) "rispettando, a seconda della capienza massima del locale, il limite di almeno un metro tra gli utenti e due metri tra utenti che accedono alla pista da ballo".[21] A parte lo strano inciso di difficile interpretazione ("a seconda della capienza massima del locale"), come si può pensare che chi balla riesca a rispettare un tale vincolo? Impossibile. Però, l'ordinanza è un modo per dire: "Se il contagio si è diffuso, non è certo colpa mia. Avevo vietato di ballare a meno di due metri".

Ma il problema non è stato solo quello di norme per regolare i movimenti dei cittadini scritte in modo confuso. La pubblica amministrazione italiana ha mostrato in tanti aspetti la sua notoria lentezza. Due esempi soltanto. Il primo riguarda l'erogazione della cassa integrazione. Il decreto legge del marzo 2020 aveva un problema: prevedeva che la cassa integrazione straordinaria (quella per cui non erano stati pagati contributi) venisse erogata dopo il solito passaggio tramite le regioni, cosa che allungava l'iter burocratico, nonostante l'urgenza data dalla crisi. Poi venne corretto il tiro: bastava il passaggio con l'Inps. Ma qui l'Inps rivelò i suoi limiti nell'erogazione tempestiva del sussidio con numerose imprese costrette ad anticipare di parecchi mesi gli assegni ai propri dipendenti. La comunicazione fu poi un altro problema. Più volte il presidente dell'Inps Pasquale Tridico dichiarò che i ritardi sarebbero stati riassorbiti in pochi giorni o, addirittura, che tutti i pagamenti erano stati effettuati, salvo poi essere successivamente smentito.[22] Il secondo esempio riguarda una questione molto delicata: l'aumento dei posti letto in terapia intensiva. Il governo nel decreto di marzo 2020 aveva stanziato 606 milioni per 3500 nuovi posti in terapia intensiva negli ospedali, più 54 milioni per 300 posti in unità mobili, dunque 3800 in totale. Il 9 ottobre, all'inizio della seconda ondata, ne erano stati realizzati soli 1279. Le responsabilità venivano rimpallate tra le regioni (alcune come Veneto, Valle d'Aosta, Friuli-Venezia Giulia e Basilicata si erano mosse bene; altre, fra cui Campania, Abruzzo e Lombardia, si erano mosse male), il ministero della Salute, lo stesso governo (che aveva messo in piedi una procedura farraginosa) e il commissario straordinario Arcuri (che, come minimo, non aveva segnalato per tempo l'esistenza di ritardi). Ma, di chiunque fossero le responsabilità, si trattava comunque di settori della pubblica amministrazione che avevano dimostrato ancora una volta di essersi mossi male.[23]

Terza e ultima riflessione: i furbi. Nel complesso non ci siamo comportati male, come ho detto. Ma, in una situazione drammatica come quella che abbiamo attraversato, c'è chi ha approfittato di benefici che lo stato metteva a disposizione del pubblico anche quando non ne aveva bisogno. Il caso più lampante è quello dei 600 euro dati alle partite Iva. Per evitare eccessive complicazioni, il decreto relativo prevedeva l'erogazione di tale sussidio a tutti i titolari di partite Iva, indipendentemente dal fatto che avessero subìto o meno una perdita o che avessero bisogno di un sussidio statale in presenza di una perdita. Ora, si potrà forse criticare il decreto per questa mancanza di selettività, ma si sperava che chi non ne aveva bisogno non richiedesse tale sussidio. Non è stato così. Il fatto che ha più sdegnato l'opinione pubblica è stata la richiesta del beneficio da parte di alcuni parlamentari. La casta aveva colpito ancora! Ma quanti di noi non conoscono qualcuno che ha comunque richiesto il sussidio dello stato pur non avendone bisogno? E, se guardiamo alle imprese, destò un notevole stupore il fatto che, come scoperto dall'Ufficio parlamentare di bilancio, il 25 per cento delle imprese che avevano richiesto la cassa integrazione per i loro dipendenti non aveva subìto un calo del fatturato.[24] Viene il dubbio che i difetti dei nostri politici non siano altro che lo specchio di quelli di una parte del nostro paese.

2.
I soldi dell'Europa

Deine Zauber binden wieder,
Was die Mode streng geteilt.
Alle Menschen werden Brüder,
Wo dein sanfter Flügel weilt.

FRIEDRICH VON SCHILLER

L'*Inno alla gioia* è dal 1985 l'inno ufficiale dell'Unione Europea. È un adattamento dell'ultimo movimento della Nona sinfonia di Beethoven, il cui testo fu scritto da Friedrich von Schiller. L'inno dell'Unione Europea è però stato lasciato volutamente senza testo, probabilmente per evitare che un inno europeo avesse un testo in tedesco (o in ogni altra lingua nazionale). Il brano del testo originale sopra riportato è particolarmente significativo perché ben descrive ciò che Schiller voleva comunicare, la fratellanza tra i popoli. Nella traduzione di Elisabetta Fava dice: "I tuoi incanti tornano a unire ciò che gli usi rigidamente divisero; tutti gli uomini diventano fratelli, dove posa la tua ala soave". E alla fine l'Europa si è unita nell'affrontare la crisi del Covid. Gli inizi non erano però stati molto buoni e, prima di discutere le misure economiche prese dalle istituzioni europee, vale la pena ricordare il clima di tensione che si stava sviluppando in Europa tra febbraio e aprile 2020.

L'Europa matrigna

All'inizio della crisi le istituzioni europee sembrarono assenti. È vero che già il 23 di marzo (ma si era capito ben prima che sarebbe successo) il Consiglio europeo, nella sua formazione a livello di ministri delle Finanze, aveva applicato la cosiddetta *"escape clause"*, la clausola che consentiva ai paesi di aumentare il proprio deficit pubblico quanto richiesto dalla crisi senza violare le regole europee sui conti pubblici. Ma una tale decisione non era di grande aiuto per paesi, come l'Italia, che stavano avendo problemi a vendere titoli di stato sui mercati finanziari.

I risultati dei sondaggi su cosa gli italiani pensassero dell'Europa nella primavera del 2020 erano chiarissimi. Nell'indagine preparata per il parlamento europeo e pubblicata in giugno, alla domanda sul grado di solidarietà mostrato fra membri dell'Unione Europea nel fronteggiare la crisi del Covid, soltanto il 16 per cento degli italiani dichiarava di essere soddisfatto (con un 2 per cento molto soddisfatto), mentre l'81 per cento si diceva insoddisfatto (di cui il 47 per cento "per niente soddisfatto"). Il restante 3 per cento non si esprimeva...[1] Rispetto agli altri paesi dell'Unione, eravamo di gran lunga ultimi in termini di soddisfazione e di gran lunga primi in termini di forte insoddisfazione. Anche nel confronto intertemporale la crescita nel sentimento antieuropeo fu evidente. Secondo la Banca Dati Ricerche messami gentilmente a disposizione da Ipsos, la percentuale del pubblico che aveva fiducia nell'Unione Europea, già storicamente bassa (intorno al 40 per cento) prima della crisi, crollò in aprile raggiungendo il minimo storico del 29 per cento.[2] La percentuale di chi voleva tornare alla lira aumentò dal 23 al 32 per cento tra marzo e aprile (con simili risultati per chi voleva uscire dall'Unione Europea).

Del resto, il sentimento antieuropeo era evidente da quanto i media riportavano. Abbiamo già visto nel capitolo precedente che lo stesso Mattarella era giustamente intervenuto dopo la conferenza stampa di Christine Lagarde. Nonostante l'inversione di rotta della Bce, non fu che l'inizio di una serie di accuse e di controaccuse mediatiche, soprattutto tra l'Italia, da un lato, e Germania e Olanda, dall'altro. Si distinse chi già in passato non aveva mostrato sentimenti propriamente europeisti. Il senatore Bagnai, della Lega, il 28 marzo 2020 twittò un "Che peccato" come commento a una foto sul bombardamento di Lubecca nel 1942.[3] Pochi giorni dopo, l'onorevole Borghi, dello stesso partito, pubblicò un manifesto della Repubblica Sociale Italiana con un soldato della Wehrmacht che diceva: "La Germania è veramente vostra amica".[4] Qualcuno mise poi in circolazione su WhatsApp una vignetta tedesca in cui Salvini appariva a testa in giù su un palo della luce con il tricolore italiano, scatenando l'indignazione sui social. Ma la vignetta era un falso.[5]

Neppure in Germania ci andavano leggeri. Il 9 aprile "Repubblica" commentava un articolo apparso sulla versione online del "Die Welt"[6]: *Signora Merkel, rimanga incrollabile!*, questo il titolo dell'editoriale, a firma di Christoph B. Schiltz, in cui si chiedeva al governo tedesco di non cedere alle richieste italiane. Nel testo si sosteneva fra l'altro che la mafia italiana stesse "aspettando" i fondi UE: "Dovrebbe essere chiaro che in Italia – dove la mafia è forte e sta adesso aspettando i nuovi finanziamenti a pioggia di Bruxelles – i fondi dovrebbero essere versati soltanto per il sistema sanitario e non per il sistema sociale e fiscale".

Poi ci fu l'articolo della "Bild Zeitung" del 2 aprile che il "Corriere della Sera" non gradì. Titola il "Corriere": *Siamo con voi*, per poi proseguire: "La pagina (ipocrita) della 'Bild' sull'Italia e la lotta al virus – L'articolo pubblicato dal quotidiano tedesco è un elenco di attestati di solidarietà (finti) e di luoghi comuni che fa capire quanto siamo lontani dal concetto di Europeismo". Effettivamente l'articolo era pieno di luoghi comuni. Ma a me sembrava pur sempre una manifestazione di empatia: "Vi siamo vicini in questo momento di dolore perché siamo come fratelli". E poi un'affermazione sorprendente: "Ci avete aiutato a far ripartire la nostra economia". Titolare che si trattava di ipocrisia mi sembrava un po' forzato.

Insomma, diventavamo sempre più sospettosi dell'Europa, mentre prendeva piede una forte ondata di orgoglio nazionale. Il 9 aprile il "Corriere" allegò al giornale una copia gratuita del tricolore. Era una reazione naturale e giustificata dalle terribili circostanze in cui l'Italia si trovava in quel frangente. Restava il fatto che l'ondata di avversione verso l'Europa continuò anche quando era ormai evidente che le istituzioni europee si stavano indirizzando su una strada ben diversa da quella seguita in passato. Guardiamo in dettaglio cosa accadde dopo le iniziali incertezze.

L'Europa solidale: i finanziamenti da Bce e Sure nel 2020

Per capire quanto sia stato importante l'intervento delle istituzioni europee, *in primis* la Bce, per evitare che l'Italia cadesse in una crisi finanziaria basta fare qualche calcolo partendo da una precisa domanda: di quanti finanziamenti ha avuto bisogno nel 2020 lo stato italiano?

Abbiamo visto che il deficit pubblico nel 2020 è stato di circa 180 miliardi. Questo è quanto lo stato ha dovuto prendere a prestito per colmare lo squilibrio tra spese ed entrate. Ma lo stato non ha avuto bisogno solo di questi soldi. Ogni anno ci sono titoli di stato (BTP e simili) che giungono a scadenza e che devono essere rimborsati. La somma del deficit pubblico e dei titoli che devono essere rimborsati è il "fabbisogno lordo di finanziamenti" ed è più o meno uguale alle nuove emissioni di titoli pubblici (o altre forme di debito, come il risparmio postale). Nel 2020, tenendo conto dei titoli che dovevano essere rimborsati, lo stato italiano ha avuto bisogno di circa 500 miliardi. Da dove sono arrivati?

Stimo che circa 220 miliardi siano arrivati dalla Bce. Come? Il 18 marzo, sei giorni dopo la nota conferenza della presidente Lagarde, la Bce annunciò un nuovo programma di acquisto di titoli (il Pandemic Emergency Purchase Program, o Pepp) per un importo (iniziale) di 750 miliardi per l'intera area dell'euro. All'Italia sarebbero arrivati almeno il 17 per cento degli acquisti, forse un po' di più, la maggior parte dei quali in titoli di stato. Fra questi acquisti e quelli dei programmi di acquisto della Bce già esistenti sono arrivati allo stato italiano nel 2020, sempre secondo le mie stime, 170 miliardi. Altri 50 miliardi sono arrivati dal rinnovo di titoli che giungevano a scadenza già detenuti dalla Bce.

Sui BTP comprati dalla Bce lo stato italiano paga un interesse, ma, in pratica, è come se il tasso di interesse fosse zero, un bel vantaggio per l'Italia. Vediamo perché. I titoli acquistati dalla Bce pagano un interesse (tramite cedole solitamente) che è positivo nel caso italiano. Tuttavia, legalmente la Bce compra la maggior parte dei titoli di stato attraverso le banche centrali dei vari paesi: la Banca d'Italia compra titoli italiani, la Bundesbank compra titoli tedeschi, e così via. Insomma, le banche centrali fungono da braccio operativo della Bce. Così funziona il "sistema europeo delle banche centrali". La Banca d'Italia, pur essendo formalmente proprietà delle banche commerciali italiane, è un ente di diritto pubblico e i suoi profitti, in cui confluiscono gli interessi sui titoli comprati, vengono quasi interamente trasferiti allo stato.[7] Il che significa che quando lo stato prende a prestito dalla Bce (tramite la Banca d'Italia) non paga un interesse, in termini netti.[8]

Oltre alle risorse dalla Bce, l'Italia ha beneficiato nel 2020 anche di prestiti dall'UE. Quando si è capito che i paesi europei, perlomeno alcuni di essi, avrebbero avuto problemi ad affrontare da soli la crisi del Covid, la Commissione europea si è adoperata per mettere in piedi altre forme di finanziamento che evitassero che tutto il peso degli interventi di sostegno ricadesse sulla Bce. E ne ha trovati principalmente tre: la linea sanitaria del Mes, il meccanismo Sure e il Recovery Fund, o più propriamente il Next Generation European Union (Ngeu). Del Mes non abbiamo voluto approfittare (ne discuto nel capitolo 4). Nel 2020 abbiamo però beneficiato dei finanziamenti dallo Sure (e dal prossimo anno in poi beneficeremo di quelli dal Ngeu).

Il meccanismo Sure (Support to mitigate Unemployment Risks in an Emergency) è stato creato per finanziare le spese per la cassa integrazione (e simili) dei paesi dell'Unione. Come funziona? L'Unione Europea, con la garanzia di tutti i paesi, si indebita emettendo titoli europei sui mercati finanziari e presta le risorse così ottenute ai paesi che ne fanno domanda. All'Italia, degli 87,8 miliardi complessivamente stanziati per lo Sure, sono andati 27,4 miliardi, il 31 per cento del totale, nonostante il Pil dell'Italia rappresenti solo il 13 per cento del Pil europeo. Nulla è andato alla Germania (che non ha certo bisogno dei prestiti europei). A che tassi di interesse l'Italia prende a prestito dal meccanismo Sure? Agli stessi tassi che l'Unione Europea paga sul proprio debito verso i mercati finanziari. Per le prime emissioni per finanziare lo Sure, l'Unione Europea ha pagato per i titoli decennali un tasso che è risultato del –0,24 per cento. Ai paesi viene anche addebitato il costo delle commissioni bancarie, che sono lo 0,17 per cento una tantum, ossia 0,017 per cento all'anno su dieci anni. Al netto di queste commissioni, il tasso annuale è del –0,22 per cento, il che significa che l'Italia prende a prestito 100 e dopo dieci anni restituisce 98.[9] Si tratta di un bel vantaggio, visto che il nostro paese prende a prestito su scadenze decennali a tassi ancora ampiamente positivi, anche se più bassi da quando la solidarietà è esplosa in Europa.

Nel 2020, tra finanziamenti dalla Bce e prestiti Sure, sono arrivati quindi all'Italia quasi 250 miliardi, coprendo grosso modo la metà del fabbisogno lordo di finanziamento dello stato. Con metà delle risorse necessarie fornite dall'Europa, è diventato facile vendere i restanti titoli agli investitori operanti sui mercati finanziari. La crisi finanziaria è stata così evitata. Anzi, i tassi di interesse sui titoli venduti su tali mercati sono calati rapidamente nella seconda metà del 2020, raggiungendo (allo 0,6 per cento su scadenze decennali) i livelli più bassi dall'Unità d'Italia. Quindi, i prestiti da Bce e istituzioni europee non solo sono erogati a tassi zero o negativi, ma hanno consentito allo stato italiano di prendere a prestito dai mercati finanziari i restanti necessari finanziamenti a tassi bassissimi.

L'Europa solidale: i finanziamenti da Bce e Ngeu nel 2021

Si prevede che nel 2021 il deficit pubblico italiano scenderà un po' per effetto della ripresa economica, ma ci saranno, sfortunatamente, più titoli di stato in scadenza. Anche per il 2021 si può quindi stimare che il fabbisogno lordo di finanziamento si avvicini ai 500 miliardi. Chiediamoci, di nuovo, da dove arriveranno.

Anche nel 2021 circa metà del fabbisogno lordo di finanziamento dello stato italiano proverrà da fonti europee. La parte del leone la farà, ancora una volta, la Bce, che nel dicembre 2020 ha annunciato l'estensione degli acquisti di titoli di stato fino al marzo 2022. Queste risorse saranno integrate da quelle del sopracitato Ngeu dell'Unione Europea.[10]

Il Ngeu è un'iniziativa davvero innovativa per gli standard europei. Com'è nata? Durante marzo e aprile 2020 da più parti vennero avanzate proposte relative a un massiccio finanziamento dei paesi europei con risorse prese a prestito in comune, emettendo titoli di stato europei. Non si trattava degli eurobond proposti durante la crisi del 2011-12. In quella occasione molti sostennero la necessità di mutualizzare il debito passato dei paesi europei, sostituendo il debito italiano e di altri paesi come Germania e Spagna con titoli europei. Ma mettere in comune il debito passato è politicamente molto difficile. Perché, per esempio, i tedeschi dovrebbero accollarsi il debito generato da decisioni prese dagli italiani in passato? Le proposte che vennero avanzate nella primavera del 2020 erano invece basate su un'idea diversa: le risorse sarebbero state prese a prestito *insieme* (con un debito comune), ma si sarebbe deciso *insieme* come utilizzarle.[11] Ogni paese avrebbe presentato un piano di spesa e si sarebbe impegnato a realizzarlo negli anni seguenti. Dopo un'erogazione iniziale, le risorse sarebbero arrivate solo con il raggiungimento di certi obiettivi di investimento e riforma, un sensato principio di condizionalità.

Il 20 maggio 2020, prima ancora che la Commissione avesse formulato la proposta, Francia e Germania espressero il loro sostegno a un'iniziativa di finanziamenti europei ai paesi dell'Unione. I soliti critici si lamentarono che Francia e Germania si fossero mosse prima degli altri. Meglio così, invece. Il loro intervento rendeva chiaro ai paesi recalcitranti (i cosiddetti quattro paesi "frugali", Olanda, Austria, Danimarca e Svezia) che si sarebbe andati avanti in ogni caso. Fra l'altro, l'iniziativa presa da Merkel e Macron contrastava in modo evidente con quella presa invece da Merkel e Sarkozy nell'ottobre 2010, quando annunciarono a Deauville, non la solidarietà tra paesi europei, ma che la bancarotta di paesi dell'area dell'euro non poteva essere esclusa, cosa che contribuì, in modo decisivo a mio parere, alla crisi dell'area dell'euro nel biennio 2011-12.

L'importo e la composizione del Ngeu non hanno precedenti nell'Unione Europea: si tratta di 750 miliardi per l'intera Unione, di cui circa la metà a fondo perduto (cioè in "regalo", almeno nell'immediato; vedi sotto). All'Italia arriveranno circa 210 miliardi (il 28 per cento del totale, più del doppio rispetto alla quota italiana nel Pil dell'Unione) nel corso dei prossimi cinque anni, di cui 80 circa a fondo perduto. Anche qui, però, i critici si scatenano (verrebbe da pensare che non siamo mai contenti, ma la realtà è che chi è contro l'Europa non può ammettere che la solidarietà abbia prevalso). La prima obiezione è che i prestiti in quanto tali devono essere restituiti. Vero, ma sono prestiti con scadenza molto lunga e a tassi di interesse probabilmente negativi. Come nel meccanismo Sure, già descritto, l'Unione Europea si indebita sui mercati finanziari a tassi attualmente negativi e passa le risorse allo stesso tasso ai paesi membri. Sulla base dei tassi di interesse di mercato prevalenti a fine ottobre 2020, si stimava che il risparmio derivante dai prestiti Ngeu e Sure rispetto a prestiti contratti dall'Italia sui mercati finanziati sarebbe stato, per la durata dei prestiti, di circa 25 miliardi.[12] Seconda obiezione: le risorse date a fondo perduto non sono davvero tali perché quando l'Unione Europea dovrà rimborsare il prestito contratto per finanziare i trasferimenti a fondo perduto dovrà comunque trarre risorse dai paesi membri o attraverso trasferimenti o attraverso tasse europee che finiranno in buona parte per ricadere comunque sui cittadini dei paesi membri. Vero, ma non è affatto detto che l'Unione Europea debba mai rimborsare il prestito contratto che potrebbe semplicemente essere rinnovato alla scadenza (anzi, secondo me questa è la cosa più probabile). Inoltre, i paesi riceveranno trasferimenti a fondo perduto in base a quanto sono stati colpiti dalla crisi, mentre dovranno contribuire al rimborso del prestito contratto dall'Unione, se mai avverrà, in base alla loro dimensione: quindi paesi più colpiti della media dalla crisi, come l'Italia, avranno un vantaggio. Per essere concreti, l'Italia riceverà il 22 per cento dei trasferimenti a fondo perduto, mentre sull'Italia peserà al massimo un 13 per cento del rimborso. In termini netti, si tratterebbe comunque di un "regalo" di circa 33 miliardi.

Il governo prevede che nel 2021 dal Ngeu arriveranno 25 miliardi. Aggiungendo a questi i finanziamenti della Bce si può stimare che anche nel 2021 quasi metà del fabbisogno lordo di risorse dello stato italiano sarà coperto da fondi europei. Il restante dovrebbe quindi continuare a essere fornito dai mercati finanziari a tassi di interesse bassi.[13] Niente crisi finanziaria, quindi, anche per quest'anno.

Perché questo cambiamento?

I critici continueranno a sostenere che gli interventi da parte dell'Unione Europea sono del tutto insufficienti. Guardate gli Stati Uniti, si dice, lì sì che il sostegno dato dal governo all'economia è stato massiccio con un deficit di quasi 5 trilioni di dollari nel 2020. Il confronto con gli Stati Uniti è però del tutto inappropriato. Negli Usa ci sono un bilancio federale, un governo federale, un ministro delle Finanze federale, oltre a un parlamento federale che può legiferare sull'intera nazione senza eccezioni. Gli Stati Uniti sono una nazione, l'Europa non lo è, ed è paradossale che gli antieuropeisti si appellino al confronto con gli Stati Uniti per sostenere che le istituzioni europee non fanno abbastanza.

Il confronto rilevante è quello tra l'azione delle istituzioni europee in questa circostanza e durante le precedenti due crisi, la crisi finanziaria globale del 2008-09 e la crisi dei debiti sovrani dell'area dell'euro nel 2011-12. In quelle due occasioni, soprattutto nel corso della seconda, l'Europa introdusse strumenti di sostegno ai paesi in difficoltà, ma chiedendo in cambio misure di austerità. Inoltre, almeno inizialmente, i prestiti concessi erano erogati a tassi di interesse molto elevati. Non un euro veniva erogato a fondo perduto.[14] Le cose cominciarono a migliorare solo nel luglio del 2012, con il celebre intervento di Mario Draghi sul *"whatever it takes"*, in cui si apriva la possibilità di interventi di sostegno, di importo praticamente illimitato, da parte della Bce a favore dei paesi in difficoltà. Servirono quattro anni e, comunque, gli interventi erano legati a condizioni stringenti.[15]

Nella crisi in corso la risposta è stata enormemente più rapida. La correzione del tiro da parte della Bce richiese solo qualche giorno. Ed entro maggio fu chiaro che si stava delineando un intervento da parte dell'Unione Europea con prestiti agevolati oltre che con risorse a fondo perduto. Insomma, un comportamento del tutto diverso dal passato.

Non era scontato che fosse così. Non c'è dubbio che noi italiani vedessimo l'intervento dell'Europa come un atto dovuto per la gravità delle circostanze. E anche per il fatto che l'Italia era sempre stata una donatrice netta verso l'Europa: i contributi annuali al bilancio europeo hanno ecceduto regolarmente (di circa 4,5 miliardi l'anno) le risorse che abbiamo ricevuto, per effetto del fatto che siamo paesi fondatori e abbiamo un reddito pro capite ancora relativamente elevato.[16] Ma lo stesso valeva per tutti i paesi del Nord Europa, *in primis* Germania e Olanda, che erano quelli da cui pretendevamo la solidarietà. Inoltre, le circostanze erano gravi per tutti e si poteva pensare che, di fronte a una crisi in cui ogni paese era messo in difficoltà, ognuno avrebbe dato priorità ai propri bisogni senza mostrare alcuna solidarietà per gli altri. Sarebbe stata la politica del "prima gli...".

Perché allora sono prevalse forme di solidarietà senza precedenti nella storia delle istituzioni europee? Alla fine, l'eccezionalità delle circostanze ha facilitato lo spirito di solidarietà. È vero che tutti erano in difficoltà, ma lo erano per una causa indipendente dalle azioni dei paesi stessi e che avrebbe avuto conseguenze impressionanti sulla popolazione. Non si poteva restare indifferenti alle immagini che provenivano dagli ospedali italiani. Certo, si poteva obiettare che paesi che avevano gestito meglio la propria economia in passato, come la Germania, non avevano bisogno di un aiuto esterno. Se la potevano cavare da soli. Molti hanno anche pensato che sia stato fondamentale il ruolo di Angela Merkel che, arrivata alla fine della propria carriera politica, voleva forse lasciare un buon ricordo non solo ai propri compatrioti ma all'intera Europa. Credo però abbia contato di più (mi spiace dirlo perché non è simpaticissimo!) il ruolo di Macron. È dalla Francia che sono partite le prime proposte sul Recovery Fund. E, dopotutto, Merkel non aveva fatto poi così bene quando affiancata a Sarkozy. Con Macron la storia è stata diversa.

3.
La cornucopia

Spendi, spandi
Spandi, spendi, effendi

Rino Gaetano

Tra le domande che mi sono state poste di recente durante i talk show televisivi, una è diventata frequente: come mai un tempo un aumento del deficit pubblico dello zero virgola sembrava un problema serissimo e ora, invece, abbiamo aumentato il deficit dall'1,6 per cento del Pil nel 2019 al 10,8 per cento del Pil nel 2020 e va tutto bene? Effettivamente, il 2020 ci ha proposto di tutto e di più in termini di politiche economiche (almeno apparentemente) poco ortodosse. Non si tratta soltanto del comportamento del deficit pubblico. Si tratta anche delle banche centrali che, in Europa come altrove, hanno comprato valanghe di titoli di stato, di fatto finanziando i deficit pubblici ed evitando che i mercati finanziari dovessero assorbirne crescenti quantità, cosa che sarebbe stata problematica per paesi come il nostro dove lo stato era già molto indebitato. E, ciononostante, non è accaduto nulla di grave, nulla di quanto viene normalmente associato a deficit pubblici elevati finanziati dalle banche centrali: non c'è stato un aumento dell'inflazione, non c'è stato un aumento dei tassi di interesse a lungo termine.

Che significa tutto questo? Quello che si diceva prima sul deficit e sul debito pubblico non aveva senso? Vuol dire che in futuro le banche centrali diventeranno il "bancomat" dei governi? Abbiamo trovato la nostra cornucopia, il nostro oro nero che ci permetterà per sempre di spendere e spandere senza un vincolo di bilancio?

In questo capitolo rispondo a queste domande, discutendo prima la questione del deficit pubblico, con particolare riferimento a quello italiano, e poi il ruolo delle banche centrali, con particolare riferimento alla Bce. Questo ci porterà ad affrontare, nell'ultimo paragrafo, un problema fondamentale: che rischi insorgono in futuro dall'accumulo di debito pubblico italiano registrato nel corso del 2020-21?

Il deficit pubblico: da rospo a principe azzurro

Talvolta, parlando del ruolo del deficit pubblico nel sostenere l'economia, i media distinguono gli economisti tra "keynesiani" e "non keynesiani". Abbiamo già visto nel capitolo 1 che Keynes nella sua *General Theory* sostenne la necessità per lo stato di svolgere politiche economiche espansive, soprattutto con investimenti pubblici finanziati in deficit, nei momenti di debolezza economica. Da qui le etichette sopracitate: i keynesiani sarebbero quelli che vogliono più deficit, mentre i non keynesiani ne vorrebbero meno. Messa così, si tratta di una caricatura del pensiero keynesiano, anche se una caricatura con profonde implicazioni politiche: più deficit pubblico uguale più stato nell'economia, meno deficit pubblico uguale meno stato nell'economia. Ma si tratta, appunto, di una caricatura: non è che si possa essere a favore o contro un deficit pubblico alto. Dipende dalle circostanze. Si usa l'ombrello quando piove, non quando c'è il sole. Inoltre, un ombrello funzionante lo devi avere. Traduco in termini economici: il deficit pubblico deve aumentare, primo, quando c'è *la necessità* e, secondo, quando c'è *la possibilità*.

Primo punto: la necessità. In una situazione economica in cui il problema principale è la mancanza di domanda da parte di famiglie e imprese è necessario fare politiche molto espansive. Anche prima del Covid, quando si stava a guardare lo zero virgola del deficit pubblico, l'economia italiana non cresceva. Ma non cresceva da vent'anni e non era certo un problema di mancanza di domanda. Perlomeno, non era quello il problema principale, se non in alcuni particolari momenti durante le crisi del 2008-09 e del 2011-13. Il problema dell'economia italiana era la difficoltà a far crescere la produttività (cioè la capacità di produrre in un'ora di lavoro). In quella situazione politiche di deficit pubblico per stimolare la domanda sarebbero servite a poco. Ciò non vuol dire che non si dovesse spendere di più in certe aree, per esempio con investimenti in pubblica istruzione e infrastrutture. Queste spese, che avrebbero facilitato un aumento della produttività, avrebbero potuto essere finanziate riducendo altre spese meno utili. Quello era un problema di composizione della spesa pubblica (meno sprechi, più spesa utile), non un problema di deficit pubblico. Prima del Covid c'era invece la tendenza a voler spendere più soldi pubblici e a fare più deficit per motivi puramente elettorali. Insomma, per chiudere l'argomento con una battuta, Keynes scrisse la *General Theory* per spiegare come far uscire l'economia dalla Grande depressione, non perché voleva vincere le elezioni promettendo Quota 100.

Secondo punto: non basta che ci sia la necessità di fare più deficit pubblico. Ci deve essere anche la possibilità, cioè ci deve essere qualcuno che presta i soldi. Il problema dell'Italia era che, con un debito pubblico già elevato, prendere a prestito altri soldi dai mercati finanziari era piuttosto difficile. Nel 2011, per esempio, al rallentare dell'attività produttiva, avremmo potuto espandere il deficit pubblico, ma, con l'inaridirsi delle fonti di finanziamento (evidenziato da tassi di interesse crescenti), fummo costretti a introdurre misure per ridurre il deficit pubblico. Altro esempio: quando, con l'arrivo al governo di Lega e Cinque Stelle, venne annunciata una politica di deficit pubblico più espansiva (per realizzare Quota 100 e reddito di cittadinanza nella loro iniziale, più generosa, versione), i tassi di interesse aumentarono pericolosamente. La situazione oggi è diversa. Per i motivi spiegati nel capitolo 2, ora i finanziamenti dall'Europa ci sono ed è possibile condurre una politica di bilancio espansiva. C'è la necessità e c'è la possibilità.

Un ultimo appunto sullo zero virgola. Se negli anni scorsi avessimo cercato di ridurre il nostro debito pubblico sfruttando il periodo di crescita 2014-18 (crescita che certo non sarebbe stata impedita da una maggiore prudenza in spese non prioritarie e bonus vari); se, soprattutto, non avessimo sprecato il periodo subito successivo all'entrata nell'euro, quando i tassi di interesse erano bassi e ancora crescevamo (meno del resto d'Europa ma crescevamo), per ridurre il deficit pubblico, forse saremmo riusciti a contenere il debito pubblico. Questo ci avrebbe consentito poi politiche di bilancio più espansive nel 2008-09 e, almeno, meno restrittive nel 2011-12. Oggi possiamo condurre politiche espansive, ma solo grazie ai fondi europei, il che comunque potrebbe comportare dei rischi per il futuro, incluso possibili condizionamenti politici (vedi l'ultimo paragrafo di questo capitolo). Per esempio, il fatto di dover contare sull'assenso dell'Olanda per tante decisioni relative al Ngeu ci potrebbe impedire di essere più incisivi nel richiedere che quel paese abbandoni le pratiche quasi "da paradiso fiscale" che ci danneggiano (vedi capitolo 6). La Germania, avendo affrontato le crisi precedenti e quella attuale con un debito pubblico ben più basso del nostro, si è potuta muovere più liberamente. Non c'è niente da fare: chi è indebitato è meno libero.

Stampare soldi per finanziare il deficit pubblico

Non è solo il forte aumento del deficit pubblico, in Italia e quasi ovunque, che sorprende negli andamenti macroeconomici più recenti. È anche il fatto che in tanti paesi questo deficit sia stato in gran parte finanziato dalle banche centrali, ossia "stampando moneta". La Bce, infatti, non trova le risorse per effettuare gli acquisti di titoli di stato prendendole, a sua volta, a prestito o tassando qualcuno. La Bce i soldi li stampa. Stampa banconote e stampa "euro elettronici", ossia i depositi che le banche commerciali tengono presso la stessa Bce e che, in teoria, potrebbero essere convertiti in banconote. È questo il bello delle banche centrali. Creano potere d'acquisto dal nulla.

Fra l'altro ciò contribuisce a spiegare perché i maggiori deficit pubblici dei principali paesi non abbiano causato un aumento dei tassi di interesse sul debito stesso. I titoli di stato non sono venduti agli investitori, ma alle banche centrali, e il ricavato viene speso dallo stato e depositato dalle banche commerciali presso la banca centrale, costituendo una "riserva di liquidità".[1] Nel processo, i tassi di interesse sui titoli di stato sono scesi a minimi storici, compreso in Italia, dove un rapporto fra debito pubblico e Pil tra i più alti dall'Unità (157 per cento a fine 2020) si associa al più basso tasso di interesse sempre dall'Unità (lo 0,6 per cento sui BTP decennali).

Sorge allora spontanea una domanda: visto che le banche centrali creano dal nulla potere d'acquisto (che noi chiamiamo "moneta" o, più propriamente, "base monetaria"), abbiamo risolto, ora e per gli anni a venire, ogni problema di finanziamento del deficit pubblico?[2] Sarà possibile in futuro smettere di preoccuparci del debito pubblico perché questo potrà sempre essere finanziato dalla banca centrale stampando soldi?

Negli ultimi secoli la paura di finanziare il deficit pubblico mettendo in moto la macchina da stampa della banca centrale è sempre stata legata al rischio che stampare troppa moneta avrebbe causato troppa inflazione. Eppure negli ultimi dieci anni, con accelerazioni particolarmente forti nel 2008-09 e nel 2020, le banche centrali hanno stampato una quantità enorme di moneta (soprattutto nella forma elettronica, cioè di depositi delle banche commerciali presso la banca centrale) e l'inflazione è rimasta bassa. Come mai? È questo uno dei misteri della macroeconomia moderna. Gli ordini di grandezza sono incredibili. La base monetaria americana (banconote e depositi delle banche commerciali presso la Federal Reserve, ossia la banca centrale americana) si è quasi *decuplicata* tra il 2007 e il 2020. Quella britannica è aumentata di dodici volte, raddoppiandosi nell'ultimo anno. In Europa l'aumento della base monetaria è stato più contenuto: un aumento di "solo" sei volte tra il 2007 e il 2020, con un aumento del 30 per cento circa nella prima metà del 2020.

Eppure l'inflazione è rimasta bassa. L'economia ha assorbito tutta questa montagna di soldi senza colpo ferire, senza cercare di liberarsene per paura che troppa moneta in circolazione causasse una perdita del suo valore. Le banche commerciali, in particolare, hanno aumentato la loro detenzione di depositi presso le banche centrali dei vari paesi, senza espandere corrispondentemente i loro prestiti e i loro depositi. Quindi, è importante capirlo, l'economia è stata disposta a essere pagata in misura crescente, per beni e servizi ceduti allo stato, con pezzi di carta o depositi presso la banca centrale senza usare questo enorme potere di acquisto, o usandolo solo in parte, quindi senza mettere troppa pressione su prezzi e inflazione.[3]

Perché l'inflazione non è ripartita? Le ragioni del basso livello dell'inflazione negli ultimi anni sono complesse e includono aspetti di fondo dell'economia mondiale, quali la grande crescita delle importazioni di beni a basso costo dalla Cina e dagli altri paesi emergenti e la rivoluzione tecnologica che ha messo a disposizione servizi online a prezzi bassi. Di questi aspetti non mi occupo perché la domanda a cui voglio rispondere riguarda specificatamente la politica monetaria. Dunque riformulo così il quesito: perché l'enorme immissione di liquidità da parte delle banche centrali non ha creato inflazione? La risposta si può articolare in tre punti.

Il primo è rappresentato da un insieme di fattori che spiegano perché le banche commerciali detengano più depositi inutilizzati presso la banca centrale di quanto facessero in passato per ogni 100 euro prestati alla loro clientela. Tali depositi non vengono quindi impiegati per fare nuovi prestiti, cosa che, se avvenisse, porterebbe a una maggiore domanda e a una maggiore inflazione. Tra questi fattori, diventati importanti dopo la crisi finanziaria mondiale del 2008-09, c'è una più stretta regolamentazione bancaria che consente alle banche di prestare, anche se hanno depositi liberi presso la banca centrale, solo se hanno una quantità sufficiente di capitale proprio. Un altro fattore per i maggiori depositi inutilizzati dalle banche commerciali è l'inaridirsi del mercato interbancario, anche questo dopo la crisi del 2008-09, che ha costretto le banche a mantenersi più liquide.[4]

Il secondo fattore riguarda l'indipendenza delle banche centrali moderne. Ho prima parlato delle banche centrali come bancomat dei governi. In realtà, non è così. Il bancomat ti dà soldi a richiesta. Nel caso del rapporto fra banca centrale e governo è la banca centrale che eroga il prestito, non il governo che lo riceve, a decidere quanti soldi escono dal bancomat. Fa una grande differenza perché, se è la banca centrale a decidere, è difficile che il governo riceva più soldi di quanto, sulla base di un giudizio oggettivo della banca centrale, l'economia è in grado di assorbire senza che questo crei troppa inflazione. La distinzione è fondamentale perché il rischio che l'economia cerchi di liberarsi della troppa moneta creata è molto alto se gli operatori economici si convincono che in effetti è "troppa" e che questo causerà inflazione. Se il giudizio su quanta moneta può circolare senza creare troppa inflazione è fatto da tecnici, che hanno un mandato preciso di evitare troppa inflazione, e non da politici, che potrebbero essere influenzati nell'esprimere tale giudizio, diciamo, dalla data delle più vicine elezioni, gli operatori economici non vengono presi dalla frenesia di liberarsi della moneta: le loro aspettative di inflazione restano basse e questo stesso fatto frenerà l'inflazione.[5] Banche centrali che in passato hanno dimostrato di operare avendo a mente la stabilità dei prezzi possono allora permettersi di aumentare molto la moneta in circolazione senza causare aspettative di inflazione. È una questione di *credibilità* ed è fondamentale. La credibilità delle nostre banche centrali, rese formalmente indipendenti da pressioni politiche nel corso degli ultimi decenni, evita che ci sia una fuga dalla moneta anche quando questa è "tanta". Ci si fida del giudizio dei banchieri centrali proprio perché non sono motivati nelle loro decisioni da fattori politici di breve periodo e hanno il preciso mandato di evitare un eccesso di inflazione. E la cosa più interessante è che, in questo momento, sono gli stessi governi a beneficiare di questa situazione, di questa rinuncia al controllo della moneta a favore dei tecnocrati delle banche centrali, perché le banche centrali indipendenti li finanziano senza che ciò crei troppa inflazione, cosa di cui la gente si lamenterebbe.

I primi due fattori che abbiamo esaminato sono presenti da lunga data. Il terzo fattore è del tutto contingente. In un momento in cui, a causa degli effetti economici della pandemia, la domanda di beni e servizi è debole rispetto alla capacità produttiva (perché le famiglie e le imprese hanno meno risorse e tendono comunque a spendere poco per l'incertezza e la paura portate dalla crisi economica), è meno probabile che stampare moneta causi un aumento eccessivo dei prezzi. Questo perché l'impatto dell'eventuale maggiore spesa derivante dal finanziamento monetario dei deficit pubblici è assorbito da una maggiore produzione, e non da maggiori prezzi.

La capacità mostrata dalle banche centrali di stampare moneta finanziando il governo senza problemi per l'inflazione non è però priva di rischi. Uno è che, appunto, prima o poi, l'inflazione aumenti. Le stesse banche centrali sono in "terra incognita". Mai c'era stata un'espansione monetaria delle dimensioni osservate di recente senza che l'inflazione aumentasse. Non sanno fino a che punto la loro capacità di creare potere d'acquisto possa spingersi senza poi generare una perdita di credibilità. Sono un po' come apprendisti stregoni che hanno scoperto di potersi spingere fin dove non erano mai arrivati, senza però sapere dove si trova il limite. Un altro rischio è che, comunque (anche in assenza di inflazione sui prezzi di beni e consumi), la grande disponibilità di moneta e i conseguenti tassi di interesse bassi e, per lo più, negativi alimentino bolle finanziarie, ossia un gonfiarsi del prezzo delle attività finanziarie (azioni, per esempio) non giustificato dalla situazione reale dell'economia. E, si sa, le bolle prima o poi scoppiano.

I limiti al potere dei deficit pubblici finanziati stampando moneta

Abbiamo visto che ci sono motivi che spiegano come mai, in questo momento, il finanziamento dei deficit pubblici stampando moneta non genera inflazione. È però importante capire che, in ogni caso, le banche centrali non hanno il potere di creare ricchezza dal nulla, che generi inflazione o meno. Insomma, il finanziamento monetario dei deficit pubblici non significa che abbiamo scoperto la cornucopia e che i governi, se finanziati dalla banca centrale, possano soddisfare tutti i bisogni dei cittadini ora e nei secoli a venire. Dalla cornucopia della banca centrale fuoriescono pezzi di carta che non hanno un valore intrinseco, cioè non alimenti, vestiti, cellulari, automobili e così via. In certi momenti, come quello che stiamo vivendo, deficit pubblici finanziati stampando moneta stimolano l'economia portandola più vicino alla piena occupazione, aumentando quindi quanto viene prodotto; una volta però raggiunta la piena occupazione, le cose cambiano completamente e, attenzione, ciò avviene a prescindere da quello che accade all'inflazione.

Per chiarire questo punto (e per non farsi illusioni che sarebbero pericolose in un paese dove tanti pensano che lo stato debba e possa soddisfare tutti i loro bisogni) ricorro a un semplice esempio. Supponiamo che lo stato voglia rendere più felice Tizio dandogli due mele. Stanzia quindi nel proprio bilancio il trasferimento di due mele a Tizio, attraverso un sussidio, una spesa pubblica. Come si finanzia? Lo stato può fare solo tre cose, ognuna delle quali ha potenziali controindicazioni.

Primo, può tassare Caio portandogli via due delle sue mele. Caio è ricco, ha tante mele e lo stato ne ridistribuisce due a Tizio che è senza mele. In questo caso, lo stato non fa deficit: due mele entrano e due mele escono. Però Caio si lamenta, non gli va che gli portino via così due mele, e minaccia la prossima volta di non votare più per chi governa.

Secondo, lo stato può prendere a prestito le mele da

Caio, promettendo che tra dieci anni gli restituirà due mele più gli interessi, diciamo due mele e un quarto. In questo caso il sussidio a Tizio è stato finanziato in deficit e il debito del governo aumenta di due mele più, col tempo, gli interessi. Caio è più contento. Le mele non le ha più, ma ha un pezzo di carta che dice che tra dieci anni riavrà le sue mele più gli interessi. È contento però solo finché non si rende conto che il governo deve tante mele anche a Sempronio: se vede in giro troppe promesse di pagamento di mele a dieci anni (troppo debito pubblico), qualche dubbio gli viene e, magari, decide di non votare per il governo che gli promette mele che forse mai riavrà perché il governo ha fatto troppe promesse.

Terzo, lo stato chiede alla propria banca centrale di stampare moneta, chiamiamole cocuzze. Lo stato si indebita con la banca centrale, ma non gliene importa nulla perché è proprietario della banca centrale stessa. Con le cocuzze va da Caio e compra le sue mele per darle a Tizio. Ora, due cose possono succedere. Caio è contento di aver ricevuto le sue cocuzze e se le tiene in tasca. Oppure, osservando che ci sono troppe cocuzze in giro, cerca di liberarsene acquistando beni di consumo (o valuta estera), creando inflazione. A Tizio e Caio l'inflazione non piace e la prossima volta non votano più il partito di governo. La cosa importante da capire però è che, anche nel caso in cui Caio si tenga in tasca tutto contento le cocuzze, lui le mele non le ha più. Stampare soldi, pardon, cocuzze, non ha creato ricchezza. È stato solo un modo per ridistribuire ricchezza da Caio a Tizio, e ciò indipendentemente dal fatto che stampare cocuzze abbia causato inflazione. La cornucopia non ha reso la società (la somma di Tizio e Caio) più ricca.

Ripeto: dall'esempio non dobbiamo dedurre che non ci sia un ruolo per la politica monetaria e di bilancio per far girare meglio l'economia risollevandola da una situazione in cui non si produce tanto quanto si potrebbe produrre. Le politiche monetarie e di bilancio espansive servono proprio a questo. Magari l'economia poteva produrre 100 mele, e invece ne produce solo 98 perché i produttori pensano di poterne vendere solo 98. A questo punto, dando potere d'acquisto a Tizio o a Caio si aumenta la domanda e la produzione di mele (e i raccoglitori di mele che erano disoccupati trovano lavoro). Ma tale meccanismo di aumentare la domanda per stimolare la produzione vale solo finché non si è raggiunta la piena occupazione (cioè fino a che tutti i raccoglitori di mele sono occupati). Da lì in poi, tornate pure all'esempio che vi ho fornito. La cornucopia non esiste.

Cosa accade se salta il vincolo di bilancio

Un'altra questione va discussa riguardo all'uso del deficit pubblico come panacea per tutti i mali. Non ha a che fare con la sostenibilità del debito pubblico, col fatto che il deficit venga finanziato prendendo a prestito dai mercati o dalla banca centrale, né con le possibili conseguenze per l'inflazione o per la stabilità finanziaria (rischio di bolle speculative). Ha a che fare con qualcosa di ancor più fondamentale: l'efficienza economica, cioè con l'incentivo a non sprecare, a non buttar via soldi.

Il problema è che quando i soldi te li dà lo stato hai meno bisogno di essere efficiente. E questo vale sia per gli individui, sia per le imprese. L'esistenza di un vincolo di bilancio, ossia di vivere con risorse che sono limitate e, per così dire, non piovono dal cielo, è essenziale per l'efficienza economica. Se salta il vincolo di bilancio perché lo stato paga a piè di lista, allora non c'è più incentivo a evitare lo spreco, a produrre in modo efficiente, a lavorare.

È un po' il problema dei paesi ricchi di petrolio. L'abbondanza di risorse porta allo spreco, e spesso questi paesi non sono stati capaci di sfruttare quell'abbondanza per porre la propria capacità di crescita su basi solide, diventando dipendenti dalle entrate del petrolio. Quando tali entrate sono terminate, questi paesi si sono trovati peggio di come stavano prima (è il caso, per esempio, dello Yemen).

Le implicazioni di tutto questo per l'Italia sono chiare.

Non abbiamo entrate da petrolio, ma abbiamo, in misura non conosciuta in passato, risorse che provengono dalle istituzioni europee. Tale abbondanza di risorse dà allo stato l'impressione che il vincolo di bilancio si sia attenuato permanentemente. E, di riflesso, imprese e famiglie, ricevendo sussidi e bonus dallo stato, possono avere la stessa impressione e trascurare di sforzarsi per essere efficienti e impegnarsi in quello che fanno.

Dico questo non perché pensi che fare deficit ora non sia necessario, ma per segnalare che, da un lato, con tante risorse disponibili nell'immediato, il rischio di sprecarle sia aumentato e, dall'altro, che deficit prolungati nel tempo possano ridurre l'efficienza dell'intera economia.

Potrebbe una Banca d'Italia al di fuori dell'euro fare quello che la Bce sta facendo?

Nelle pagine precedenti ho sostenuto che l'Italia non ce l'avrebbe fatta senza le risorse che ci arrivano dalle istituzioni europee, notando che, fra queste, la Bce fa la parte del leone. Gli acquisti di titoli di stato da parte del sistema delle banche centrali europee, guidati dalla Bce, vengono però eseguiti dalla Banca d'Italia. Sorge allora la domanda: ma lo stesso non sarebbe potuto accadere se l'Italia fosse stata al di fuori dell'euro e, come fa la Bank of England, avesse risposto all'emergenza non stampando euro ma la propria valuta? In altri termini, non è vero che dobbiamo contare sulle risorse europee solo perché, tempo fa, abbiamo deciso di rinunciare alla nostra moneta e a una banca centrale che potesse stamparla a piacere? Perché la Banca d'Italia non potrebbe fare in modo indipendente quello che ora fa su istruzione della Bce?

Una risposta rapida è che è irrilevante porsi la domanda ora, visto che, comunque, abbiamo l'euro. Il complemento a questa risposta è che chi diceva che la Bce, per il suo animo filotedesco, il suo credo cosiddetto neoliberista, il suo statuto focalizzato sulla stabilità dei prezzi, sarebbe stata ideologicamente e legalmente incapace di intervenire quanto necessario per sostenere l'area dell'euro e l'Italia in caso di bisogno si era sbagliato di grosso.

Una risposta più articolata richiede il discutere se una nostra banca centrale avrebbe potuto gestire la crisi con la stessa credibilità della Bce. Credo di sì, ma occorre essere chiari su quelle che dovevano essere le pre-condizioni per tale credibilità. Negli anni settanta la Banca d'Italia era assoggettata alle esigenze dello stato che, di fatto, gestiva la politica monetaria. Lo abbiamo pagato per i successivi vent'anni quando, nonostante la crescente indipendenza della Banca d'Italia, i nostri tassi di interesse e la nostra inflazione sono rimasti più elevati che nella maggior parte dei paesi europei. È stato proprio questo il motivo che ci ha spinto a entrare nell'euro, il tentativo di acquisire credibilità. Costruire la stessa credibilità in un altro modo sarebbe stato possibile, ma avrebbe richiesto, per un periodo di tempo prolungato, non solo l'acquisizione da parte della Banca d'Italia di una completa indipendenza operativa, sotto un preciso mandato di stabilità monetaria come quello che vincola la Bce, ma probabilmente anche politiche monetarie più rigorose di quelle seguite dalla Bce.

Non sarebbe invece stato possibile procedere nel modo propugnato dai sostenitori dell'uscita dall'euro: una monetizzazione sistematica del deficit pubblico. In altri termini, se ti vuoi permettere politiche molto espansive in caso di bisogno senza una perdita di credibilità, che è fondamentale per evitare deprezzamento e inflazione della moneta, allora la credibilità te la devi guadagnare nel tempo e con fatica. Se, rimanendo fuori dall'euro, avessimo acquisito tale credibilità, allora il ruolo che oggi ha la Bce l'avrebbe potuto svolgere la Banca d'Italia con la nostra lira. Abbiamo scelto una strada diversa e ora stiamo beneficiando dell'avere una banca centrale, la Bce, che, nel sistema delle banche centrali europee di cui la Banca d'Italia fa parte, sta svolgendo un ruolo essenziale nel far uscire l'Italia e l'Europa dalla crisi in corso.

I rischi di sostenibilità del debito pubblico italiano

La grande disponibilità di fondi per finanziare il deficit pubblico nell'immediato è una buona notizia. Ci indebitiamo facilmente. Alla fine del 2020 il debito pubblico italiano ha raggiunto il 157 per cento del Pil, contro il 135 per cento di fine 2019. Questo livello fu superato solo nel 1920, quando la svalutazione della lira gonfiò il controvalore in lire del debito contratto durante la Prima guerra mondiale in franchi francesi, sterline e dollari. Il Pil è caduto molto nel 2020, per via della crisi, il che ha contribuito a far crescere il rapporto fra debito pubblico e Pil. Un suo rimbalzo è atteso per il 2021. Ma anche nelle previsioni del governo il rapporto tra debito e Pil rimarrà superiore al 150 per cento per diversi anni. Non era mai successo. Che rischi ci sono per la sostenibilità di questo debito?

Il rischio associato a un aumento così forte del rapporto fra debito pubblico e Pil è molto attenuato, almeno nell'immediato, da un fatto: il debito cresce ma la parte del debito che cresce è, come abbiamo visto, quella nei confronti delle istituzioni europee. A fine 2021 il debito pubblico italiano sarà detenuto per circa il 28 per cento dalle istituzioni europee, soprattutto dalla Bce, tramite la Banca d'Italia. Inoltre, proprio per effetto della presenza massiccia delle istituzioni europee, il rinnovo del debito detenuto dai mercati sta avvenendo a tassi di interesse molto bassi.

Il debito italiano detenuto dalle istituzioni europee comporta un rischio finanziario piuttosto basso, almeno nell'immediato, per due motivi. Il primo riguarda il costo di tale debito che è zero o negativo, come abbiamo visto sia per i prestiti erogati dal meccanismo Sure e dal Ngeu, sia, di fatto, per quelli erogati dalla Bce tramite l'acquisto di titoli di stato italiani. Il secondo è che tali istituzioni non prendono decisioni di acquisto o di vendita dei titoli di stato in base a obiettivi di profitto o speculativi. I prestiti sono determinati da motivi istituzionali e più stabili. I mercati finanziari sono invece volatili. A volte ti prestano soldi ma a volte scappano. Talvolta, gli investitori sono guidati da obiettivi di speculazione di breve termine o, semplicemente, si fanno prendere dal panico, vendono titoli sui mercati secondari e fanno aumentare i tassi di interesse, causando una reazione a catena.

Vuol dire che non ci sono rischi aggiuntivi se si prendono soldi a prestito dalle istituzioni europee? Non proprio. Qualche rischio c'è ed è legato alle motivazioni di tali istituzioni. Partiamo dalla Bce.

La domanda principale è: perché la Bce sta comprando titoli di stato (italiani e non), e fino a quando continuerà a farlo? Come ho già detto, compra titoli perché l'inflazione è bassa. L'inflazione, misurata dall'aumento dei prezzi al consumo, è prossima allo zero nell'area dell'euro e l'obiettivo ufficiale della Bce è di portarla "vicino ma sotto al 2 per cento". A tal fine la Bce usa lo strumento che ha a disposizione: stampa euro (cartacei ed elettronici) e, per metterli in circolazione, compra titoli di stato dalle banche commerciali e accredita il ricavato nei conti delle banche presso la Bce. Questa operazione è espansiva per due motivi: primo, perché il deficit pubblico finanziato dalla Bce distribuisce potere d'acquisto. Secondo, perché le banche, avendo più depositi alla Bce, potranno in linea di principio fare più prestiti e quindi sostenere l'economia. Questo secondo canale probabilmente al momento non funziona bene, per i motivi sopra considerati che spiegano anche come mai c'è poca inflazione. Il primo canale è quello che probabilmente ha ora più effetto.

Quindi la Bce continuerà a comprare titoli di stato finché l'inflazione sarà bassa. E qui arriviamo al punto fondamentale. Se l'inflazione aumentasse portandosi molto sopra il 2 per cento ci sarebbero problemi. Questo potrebbe avvenire se le banche commerciali, utilizzando le ampie risorse liquide depositate presso la Bce, cominciassero a prestare a famiglie e imprese in misura maggiore di quanto facciano, alimentando un forte aumento della domanda di beni e servizi. Se l'inflazione arrivasse, diciamo al 3 o 4 per cento o più, allora la Bce dovrebbe stringere i cordoni della politica monetaria e agire nel modo contrario a quanto fa adesso: invece di stampare euro comprando titoli di stato dovrebbe vendere titoli di stato (o perlomeno non riacquistare i titoli di stato che giungono a scadenza) per riassorbire gli euro creati in tutti questi anni (che sono finiti nei depositi delle banche commerciali alla Bce). Questo sarebbe un problema per lo stato italiano perché il peso di quel debito pubblico, sostenuto ora dalla Bce, verrebbe scaricato sui mercati finanziari che, come abbiamo visto, sono instabili, richiedono il pagamento di un tasso di interesse, eccetera.[6] Il rischio che questo scenario si realizzi non è immediato: l'inflazione è bassa perché l'economia è depressa e resterà depressa ancora per un po'. Ma magari fra due o tre anni la situazione sarà diversa.

Passiamo ora ai prestiti che lo stato italiano sta ricevendo dall'Unione Europea. Qui il rischio è politico. Quanto durerà la fase dell'Europa solidale? Cosa accadrebbe se, in un grande paese europeo, salissero al governo partiti meno propensi alla solidarietà, in nome del "prima i francesi", "prima i tedeschi"? Si potrebbe obiettare che, una volta messo in piedi il Next Generation EU, l'erogazione delle risorse avverrà sulla base di precise condizioni definite dall'inizio. È vero, le risorse del Ngeu arriveranno via via a seconda che l'Italia realizzi o meno certe riforme e certi investimenti. Ma valutare se tali riforme o investimenti sono stati realizzati richiederà un giudizio in parte soggettivo. La mia esperienza al Fondo monetario internazionale mi suggerisce che meccanismi di condizionalità nei prestiti internazionali funzionano in modo oggettivo se riguardano cose facilmente misurabili, come il deficit o il debito pubblico. Ma per cose come, per esempio, l'approvazione di una riforma della giustizia civile per renderla più veloce (cosa di cui l'Italia ha un immenso bisogno; vedi seconda parte) l'elemento di soggettività nel giudizio aumenta. La legge di riforma è passata, ma è una buona legge? I risultati si vedranno solo dopo anni. Lo spazio per la soggettività e, quindi, per scelte più politiche che tecniche aumenta.

Resta però un argomento per rassicurarci: l'Italia è un paese troppo grande perché lo si lasci fallire: il suo fallimento scatenerebbe un'onda d'urto economica che il resto del continente non si potrebbe permettere. Quindi stiamo tranquilli: i fondi europei arriveranno comunque.[7] Forse, ma quando si tratta di rapporti fra stati sovrani questo tipo di certezze è pericoloso. Il convincimento che gli altri stati sovrani dovranno piegarsi di fronte alla certezza che, se non collaborano, il danno ricadrà su tutti può portare a conseguenze disastrose. Pensate alla Prima guerra mondiale. Nessuno, probabilmente, voleva un conflitto generalizzato. Ma la paura di "perdere la faccia", di mostrarsi deboli, di subire il ricatto portò alla guerra. L'Italia non può quindi contare sul fatto che i fondi europei continuino ad arrivare in ogni circostanza perché l'Italia è troppo grande perché la si lasci fallire. Un proverbio tedesco dice: "*Lieber ein Ende mit Schrecken als ein Schrecken ohne Ende*", ossia "È meglio una fine dolorosa che un dolore senza fine". Qualcuno in Europa prima o poi potrebbe cominciare a sostenere che continuare a erogare fondi all'Italia sarebbe "un dolore senza fine". Nel clima di solidarietà che c'è oggi ciò non sembra possibile, ma, come ho detto, le condizioni politiche in Europa potrebbero cambiare.

Dove ci porta tutto questo? Ci porta a concludere che dobbiamo approfittare dell'attuale fase di solidarietà per rafforzare la nostra economia non solo per migliorare la nostra condizione economica dopo un ventennio di mancata crescita, ma anche per poter sostenere e ridurre gradualmente il nostro debito pubblico. Il debito pubblico, per quanto alto, diventa più facilmente sostenibile se l'economia cresce rapidamente (vedi capitolo 7).

4.
Mes e dintorni

Confusione
Confusione, mi dispiace
Se sei figlia della solita illusione
E se fai confusione

BATTISTI-MOGOL

L'acronimo italiano per European Stability Mechanism, spesso chiamato comunemente "Fondo salva stati", è Mes (Meccanismo europeo di stabilità). Alla luce del dibattito sviluppatosi sul Mes dall'autunno del 2019, si potrebbe dire che, nella sua versione italiana, mai acronimo fu più appropriato. Sì perché, in inglese, Mes (o meglio "*mess*" nell'ortografia corretta) significa confusione. E a questo proposito di confusione in Italia se n'è fatta tanta.

Ciò detto, devo confessare che ne parlo con una certa stanchezza; quello del Mes continua a essere un vero e proprio tormentone tutto italiano, con bufale messe in circolazione a iosa specialmente dai No-Mes, ma anche un po' dai Pro-Mes. Non posso però evitare il tema. Ora, se proprio siete masochisti, proseguite pure con la lettura. Un vantaggio, se proseguite, è che avrete un'idea di quanta poca fiducia esista in Italia nei confronti dell'Unione Europea: *Timeo Europaeos et dona ferentes*, devono aver pensato in molti...

Chiariamo subito un punto importante. A partire dall'autunno del 2019 due controversie sono esplose intorno al Mes. La prima, discussa a fine 2019 e poi ancora un anno dopo, riguarda la riforma delle operazioni tradizionali del Mes. Questa controversia, che approfondiremo nel prossimo paragrafo, è ormai risolta: il parlamento ha alla fine dato il suo appoggio alla riforma. Il resto del capitolo è dedicato alla seconda controversia, affrontata soprattutto nella primavera ed estate del 2020, ma non ancora del tutto sopita: l'Italia avrebbe dovuto (e dovrebbe) utilizzare la nuova linea di credito sanitaria del Mes introdotta per rispondere alla pandemia? Vi dico subito, in tre punti, qual è la mia posizione. Primo, si è discusso se utilizzare o meno la linea sanitaria del Mes come se fosse una questione di vita o di morte per l'Italia. Non lo è mai stata. La questione non è poi così importante. Secondo, la linea sanitaria del Mes fa risparmiare un po' di soldi e non comporta rischi in termini di condizionalità, al di là di spendere bene le risorse per alleviare gli effetti diretti e indiretti della crisi sanitaria. Quindi, io l'avrei utilizzata. Terzo, con la discesa dei tassi di interesse sui BTP ora si risparmia meno. Io utilizzerei comunque questa linea di credito perché poco è meglio di niente, ma piuttosto di discutere ancora con i No-Mes la questione... preferisco lasciar perdere. Sul ponte sventola bandiera bianca!

Il Mes e la sua riforma

Partiamo dall'inizio. Il Mes in realtà non è un "meccanismo". È un'organizzazione con sede in Lussemburgo attualmente guidata dal tedesco Klaus Regling (ma nel vertice è compreso anche un italiano, come Secretary General, Nicola Giammarioli). Il Mes venne creato nel 2012, sostituendo simili strumenti preesistenti, sulla base di un trattato fra i paesi dell'eurozona, con l'obiettivo di concedere prestiti ai paesi in crisi che avevano difficoltà a finanziarsi vendendo titoli di stato sui mercati finanziari. Il Mes doveva prestare a tassi inferiori a quelli (insostenibili) di mercato. In cambio, come fa il Fondo monetario internazionale, richiedeva cambiamenti nelle politiche economiche del paese, cambiamenti che comprendevano tipicamente una riduzione del deficit pubblico.[1] Insomma, l'Europa prestava ai paesi, ma in cambio di austerità.

Il Mes è intervenuto per finanziare la Grecia, il cui programma di aggiustamento è stato particolarmente difficile, ma anche in programmi di maggior successo, di cui si parla molto meno, quelli con l'Irlanda, il Portogallo e la Spagna (quest'ultimo, fra l'altro, non comportava tra le condizioni forme di austerità). Terminati questi programmi, il Mes è caduto un po' nel dimenticatoio, per poi tornare agli onori delle cronache nell'autunno del 2019, in occasione della discussione di una sua riforma. La riforma fu attaccata pesantemente da Lega, Fratelli d'Italia e Cinque Stelle, cosa peraltro piuttosto strana perché la riforma, nei suoi tratti essenziali, era già stata approvata nel giugno del 2019 dal governo gialloverde. Il ministro Tria aveva ricevuto l'autorizzazione ad approvarla da Conte che, dice Tria, presumibilmente ne aveva parlato con Salvini e Di Maio.[2] In ogni caso non si trattava certo di una trattativa segreta. Bastava leggere i giornali, magari il "Financial Times".

Cosa comportava la riforma? Principalmente tre variazioni. La prima era che il Mes avrebbe avuto maggiore voce in capitolo nel decidere se un paese che riceveva prestiti dal Mes stesso dovesse, come condizione, ristrutturare il proprio debito pubblico, cioè, in parte, non pagare i creditori. Alcuni paesi del Nord Europa volevano inizialmente che tale ristrutturazione diventasse obbligatoria o, perlomeno, molto probabile. Lo facevano perché, in tal modo, i prestiti del Mes avrebbero avuto la possibilità di essere ripagati più facilmente dai paesi in crisi senza che fosse necessario un grado eccessivo di austerità: insomma, invece di tagliare la spesa pubblica e aumentare le tasse si poteva non pagare i creditori. Questa proposta, però, non stava bene all'Italia (e ad altri paesi ad alto debito pubblico), perché sapere che il Mes avrebbe richiesto la ristrutturazione del debito come condizione per i propri prestiti poteva rendere più difficile ai paesi ad alto debito finanziarsi sui mercati: insomma è un po' come se si sapesse che i pompieri, per venire a spegnere un incendio, chiedono comunque di lasciar bruciare una parte della casa: chi vorrebbe abitare in quella casa? Inoltre, il 70 per cento del debito pubblico italiano è detenuto dagli italiani stessi: cancellare parte del debito (in caso di richiesta di un prestito dal Mes) sarebbe stato equivalente a una tassa patrimoniale gravante in gran parte sui cittadini. L'Italia riuscì però a evitare che la riforma includesse una presunzione di ristrutturazione del debito pubblico come condizione per accedere ai prestiti del Mes: la ristrutturazione del debito avrebbe continuato a essere considerata come un evento eccezionale, non come un intervento di routine. L'unico cambiamento sostanziale contenuto nella riforma era quello di dare un po' più di voce in capitolo al Mes stesso nel decidere se ricorressero circostanze eccezionali tali da rendere la ristrutturazione necessaria. Il cambiamento non mi è mai piaciuto troppo, e anche io lo criticai al tempo, ma era comunque un cambiamento piuttosto marginale.

Una seconda variazione riguardava il processo da seguire nel caso in cui la ristrutturazione del debito fosse diventata necessaria. Un paese può ristrutturare il proprio debito, ma, per farlo evitando problemi legali, deve avere l'accordo dei creditori, spesso migliaia di investitori che hanno comprato titoli di stato. Con la riforma, si sarebbe potuto accettare la proposta di ristrutturazione (per esempio che solo il 50 per cento del valore facciale dei titoli sarebbe stato ripagato, come nel caso della ristrutturazione del debito greco) con un singolo voto dei creditori sull'intera consistenza del debito, invece che con due voti, uno relativo a una certa "serie" di titoli di stato (i titoli di stato sono emessi con certe caratteristiche che distinguono una serie dall'altra) e uno per il totale. Insomma, si rendeva la procedura di ristrutturazione più semplice. Anche questo non piaceva a chi pensava che l'obiettivo della riforma fosse quello di portare a una ristrutturazione del debito pubblico italiano. Personalmente, non ho mai considerato questo cambiamento come problematico. Se si arriva al punto di dover ristrutturare il debito, tanto vale che lo si faccia rapidamente.

La terza riforma riguardava la possibilità che le risorse del Mes potessero essere utilizzate anche per finanziare il Fondo di risoluzione unico, un fondo creato dalle banche stesse per intervenire nel caso di crisi di banche europee di una certa dimensione: il Fondo ha una dimensione ancora piccola e il Mes avrebbe potuto intervenire con un "sostegno" (*backstop*) se le risorse disponibili non fossero bastate. Era una riforma che l'Italia, a suo tempo, aveva incoraggiato perché avrebbe consentito di usare fondi europei nel caso di crisi delle banche di un certo paese. Qui i critici accusavano i paesi del Nord Europa di voler creare un meccanismo di finanziamento che potesse essere utilizzato per salvare le banche tedesche. Queste ultime hanno qualche problema, si sa. Perché allora utilizzare soldi europei, inclusi quelli dell'Italia (che partecipa al capitale del Mes), per salvare le banche tedesche? Mi è sempre sembrata, questa, una critica del tutto pretestuosa. Se ci fosse una crisi finanziaria in Europa, con conseguente aumento dei tassi di interesse e degli spread, sarebbero *in primis* le banche italiane a soffrirne, data la generale debolezza della nostra economia e l'esposizione delle nostre banche a un aumento dei tassi di interesse sui titoli di stato, inevitabile in una crisi finanziaria. Inoltre, in Germania, se le banche entrano in crisi, lo stato non ha certo difficoltà a reperire le risorse necessarie per sostenerle prendendo a prestito dai mercati finanziari, visto che ha un debito pubblico basso. Siamo noi che avremmo qualche problema.[3]

In sostanza, si trattava di riforme accettabili e, in parte, anche a nostro favore (come quella sul "*backstop*"). Ma il tema si prestava a una facile polemica. I critici puntavano sul cattivo nome che il Mes si era fatto durante il programma greco, anche se le decisioni cruciali erano spettate in ultima analisi ai principali paesi europei e non al Mes stesso. Inoltre, come avrete capito, la questione era piuttosto tecnica, e le accuse di voler portare l'Italia alla bancarotta e di voler usare i soldi degli italiani per salvare le banche tedesche erano smontabili solo scendendo in dettagli che l'opinione pubblica aveva difficoltà a seguire. Insomma, un paradiso per i creatori di bufale e l'occasione per ridipingere il Mes come il male assoluto. Nel dicembre 2020, il parlamento italiano, non senza un certo mal di pancia da parte di molti pentastellati, acconsentì alla riforma. Il patto implicito con il Partito democratico sembrava essere che, in cambio, quest'ultimo non avrebbe più insistito per chiedere la linea di credito sanitaria del Mes. Il rifiuto di quest'ultima era diventata la linea del Piave per il Movimento Cinque Stelle.

La linea di credito sanitaria del Mes

Quando l'Europa è stata colpita dalla crisi economica causata dal Covid, i governi hanno deciso di introdurre una nuova linea di credito presso il Mes atta a finanziare il costo degli effetti diretti e indiretti della pandemia. I prestiti sarebbero stati di importo molto più modesto di quelli del Mes tradizionale. All'Italia sarebbero spettati, se ne avesse fatto domanda, 36 miliardi a tassi di interesse agevolati, invece delle centinaia di miliardi che un paese come il nostro potrebbe avere nel caso di un prestito Mes di tipo tradizionale. Ma non ci sarebbe stata alcuna condizionalità economico-finanziaria, cioè nessuna "austerità". L'unica condizione sarebbe stata che i paesi utilizzassero la linea di credito per fini strettamente legati alla crisi Covid, nei suoi effetti diretti e indiretti.

Il motivo per ricorrere al Mes in prima battuta per sostenere i paesi in difficoltà era chiaro. Il Mes già esisteva, aveva già preso a prestito in passato risorse dai mercati finanziari emettendo titoli a tassi di interesse bassi e quindi poteva attivarsi rapidamente. Ma sentirne parlare, dopo la campagna anti-Mes dell'autunno precedente, era inaccettabile non solo per la Lega, ma anche per gli stessi pentastellati. Insomma, non era possibile che Belzebù fosse diventato buono. Ci doveva essere una trappola. Doveva essere, per citare Giorgia Meloni, un "cavallo di troika".[4]

E da qui ha preso piede la polemica, con accuse e controaccuse che si sono trasformate presto in quello che nel nostro paese è ormai un costume diffuso: una lotta tra guelfi e ghibellini. Vediamo di fare chiarezza, al di là delle esagerazioni che hanno coinvolto entrambe le parti del contendere.

I vantaggi del Mes

Il vantaggio della linea di credito sanitaria del Mes è che l'Italia prenderebbe a prestito 36 miliardi a tassi di interesse più bassi di quelli a cui il paese prende a prestito dai mercati finanziari. Nel giugno 2020 il tasso di interesse sui BTP italiani a dieci anni, al netto della tassazione del 12,5 per cento, era intorno all'1,6 per cento. I fondi del Mes sarebbero stati erogati al tasso dello 0,08 per cento. Il risparmio sarebbe stato di circa 500 milioni all'anno per dieci anni, circa 5 miliardi. Si trattava di quasi nove volte il risparmio derivante dal taglio del numero dei parlamentari per due legislature, fortemente voluto dai Cinque Stelle. In altri termini, con i risparmi del Mes si sarebbe potuto tenere il parlamento nella sua formazione pre-riforma per altri ottanta-novant'anni circa. Il prestito del Mes sanitario era un vantaggio, dal punto di vista finanziario. Con la discesa dei tassi di interesse sui BTP nel corso del 2020 il risparmio in termini di spesa per interessi si è ridotto. Anche i tassi di interesse pagati sui prestiti Mes sono però scesi, perché è sceso il tasso di interesse a cui il Mes prende a prestito, tasso che viene traslato (a parte qualche modesto costo di transazione) sui paesi che prendono a prestito dal Mes: al momento della chiusura di questo libro il tasso di interesse sul prestito Mes sarebbe leggermente negativo sulla scadenza decennale. La discesa nel tasso di interesse sui BTP è stata però più rapida, e il risparmio di spesa per interessi rispetto all'emissione di BTP sarebbe di circa 250-300 milioni l'anno, più ridotto rispetto a quello di metà 2020, ma pur sempre un risparmio.

Detto questo, occorre sgombrare il campo anche da alcuni presunti vantaggi della linea di credito sanitaria del Mes che non sono tali.

Il primo presunto vantaggio è che il risparmio derivante dal Mes sanitario sia fondamentale per i conti pubblici italiani. 500 milioni l'anno di risparmio rappresentano circa lo 0,06 per cento della spesa pubblica. Il fatto che il risparmio fosse stato quasi nove volte quello derivante dal taglio del numero dei parlamentari dimostra quindi soltanto quanto piccolo fosse quest'ultimo.

Il secondo è quello di sostenere che con il Mes si potrebbe aumentare la spesa sanitaria, che sarebbe invece limitata senza il Mes. Non mi sembra. La scelta se prendere o no il Mes riguarda le modalità di finanziamento della spesa. Non c'è niente (salvo il timore di un eccessivo accumulo di debito, che però esiste anche per il Mes) che ci impedisca, al momento, di aumentare la spesa sanitaria. Usare i prestiti del Mes fa risparmiare un po' di soldi in termini di spesa per interessi, ma non è una condizione *sine qua non* per aumentare la spesa sanitaria. Infatti, la stiamo aumentando e di parecchio.

Il terzo è che utilizzare la linea di credito sanitaria del Mes sbloccherebbe l'accesso a un programma di prestito da parte della Bce, le cosiddette "Outright Monetary Transactions" (OMT), che consentirebbe alla Bce di procedere con finanziamenti di dimensione praticamente illimitata a favore di singoli paesi. Non è così. L'esistenza di un programma con il Mes è condizione necessaria per le OMT, ma l'attivazione è a discrezione della Bce, che difficilmente si muoverebbe con impegni quasi illimitati senza un programma tradizionale del Mes. Insomma, tanto denaro si concede solo se ci sono impegni e condizioni pesanti, cosa che il Mes sanitario non comporta.

Le critiche al Mes

Passiamo ora a esaminare le critiche di chi il Mes sanitario non lo vuole, partendo dalle vere e proprie bufale. Ne cito tre. Prima bufala: il 4 aprile alle 14.30 sulla pagina Twitter di Matteo Salvini (c'è da chiedersi chi gli scriva i tweet) appare un'affermazione curiosa: "Ipotesi MES? NO. È come un furto, a prescindere dalle condizioni rimane un furto. Ogni euro che ci danno oggi andrà restituito in futuro. Metteremmo a repentaglio [il] futuro dei nostri figli. Verrebbero a richiederci i soldi con gli interessi". A parte il fatto che, come spiegato, gli interessi sul Mes sarebbero più bassi di quelli sui prestiti che lo stato ottiene emettendo BTP, dire che un prestito è un furto perché deve essere restituito è davvero bizzarro. Allora chi va in banca per richiedere un prestito, se lo ottiene, dovrebbe poi immediatamente recarsi in questura a sporgere denuncia per furto?

La seconda bufala viene da Giuseppe Conte. Nello spiegare il no al Mes, il presidente del Consiglio nella conferenza stampa del 18 ottobre 2020 dichiara: "I soldi del Mes sono dei prestiti, non possono finanziare spese aggiuntive, si possono coprire spese già fatte e vanno a incrementare il debito pubblico. Se li prendiamo dovrò intervenire con tasse e tagli perché devo mantenere il debito sotto controllo".[5] Qui anche Conte non sembra capire che i prestiti del Mes, se, come dice, non finanziano spese aggiuntive, non comportano un maggiore debito, ma semplicemente rendono meno costoso in termini di tasso di interesse il debito che comunque si sarebbe creato. Quindi, visti i risparmi di spesa per interessi, il Mes sanitario comporta meno tasse, casomai.

Terza bufala: come segnalato dal deputato di Italia Viva Luigi Marattin, in un post del 28 settembre 2020 l'europarlamentare Rosa d'Amato (Cinque Stelle) sostiene che il Mes produce un effetto "stigma" e che questo farebbe scendere i tassi di interesse sul debito pubblico, causando un danno per gli italiani.[6] L'effetto stigma (vedi sotto) nel caso farebbe aumentare i tassi di interesse. E poi, perché lamentarsi di qualcosa che fa scendere i tassi di interesse sul nostro debito? L'europarlamentare in questione intendeva forse comprare BTP e temeva per il rendimento del proprio risparmio?

Ma veniamo alle critiche più sostanziali. Alcune di queste sono legate al fatto che i prestiti del Mes erano stati creati per paesi che avevano la necessità di portare avanti misure di austerità. Certo, non erano sempre, come si è detto, misure di *drastica* austerità. L'Irlanda ha avuto un prestito dal Mes a condizioni molto meno pesanti in termini di riduzione del deficit pubblico rispetto a quelle applicate nel caso greco, visto che gli squilibri non erano ugualmente forti. E il prestito alla Spagna comportava condizioni stringenti, ma queste riguardavano il sistema bancario, non una riduzione di deficit e debito pubblico, ossia l'austerità.

E da qui prende piede la prima critica. L'articolo 136 del Trattato sul funzionamento dell'Unione Europea, che era stato emendato all'introduzione del Mes, prevedeva, al terzo comma, che: "La concessione di qualsiasi assistenza finanziaria necessaria nell'ambito del meccanismo [il Mes] sarà soggetta a una rigorosa condizionalità". Allora non poteva essere vero che l'unica condizione fosse che i soldi della linea sanitaria del Mes venissero spesi bene per la sanità e affini. Sarebbe stata una violazione dei trattati. Gli esperti legali del Mes e della Commissione europea chiarirono però subito che una condizionalità "stretta" non significava azioni di austerità macroeconomica. Significava che, qualunque fosse l'oggetto della condizionalità (nel caso specifico spendere bene, per sanità e affini, le risorse ricevute), le condizioni sarebbero state strettamente definite. Del resto, c'era già un precedente: quello appunto della Spagna. Ma la spiegazione non bastava. I critici dicevano: qualcuno farà ricorso alla Corte di giustizia europea per lamentarsi di questa interpretazione dei trattati. È possibile, ma, se si avesse avuto sempre paura dei ricorsi, tante delle riforme introdotte negli ultimi anni in Europa non sarebbero state realizzate: *in primis* la creazione delle OMT nel 2012 dopo il "*whatever it takes*" di Mario Draghi, o l'inizio delle operazioni di acquisto di titoli di stato da parte della Bce a fine 2014 (il programma di *quantitative easing*) da cui oggi dipendiamo.[7] Poco ci manca che siano i nostri No-Mes ad appellarsi alla Corte di giustizia europea (o magari alla Corte costituzionale tedesca!) per l'uso distorto del Mes.

Un secondo gruppo di obiezioni ha riguardato le procedure di controllo da parte della Commissione europea sotto le quali un paese sarebbe ricaduto se avesse avuto un prestito, qualunque prestito, dal Mes. Tali procedure venivano fissate dal Regolamento europeo 472 del 2013.[8] Due potevano essere le principali conseguenze procedurali di un prestito Mes. La prima era l'inizio di una "sorveglianza rafforzata". Questa procedura richiedeva l'invio periodico di informazioni da parte del paese che riceveva prestiti dal Mes, missioni di ispezione e, soprattutto, la possibilità per il Consiglio europeo, su suggerimento della Commissione europea, di raccomandare "allo Stato membro interessato di adottare misure correttive precauzionali o di predisporre un progetto di programma di aggiustamento macroeconomico" (articolo 3, comma 7). Ecco il trucco: le condizioni di austerità sarebbero state introdotte successivamente! Qui si può obiettare che una "raccomandazione" non è un ordine, ma il timore era che, di fronte a tale raccomandazione e, magari, alla pressione dei mercati, il paese in questione non avrebbe potuto evitare di seguire la raccomandazione stessa. E poi fare il passo successivo: quello di chiedere un finanziamento per un programma Mes tradizionale di aggiustamento macroeconomico. La Commissione europea, in una lettera di Gentiloni e Dombrovskis, chiarì subito che non vedeva l'esistenza di un ambito per attivare (*"there is no scope for a possible activation"*) il sopracitato articolo 3, comma 7. Ma ci si poteva fidare di tale affermazione? Certo che no. Era una trappola. Ma è proprio questo il punto che i critici non coglievano: se non ci si fidava, allora non c'era comunque modo di scappare dalle "grinfie" della Commissione. Infatti, la temuta messa dell'Italia in procedura di sorveglianza rafforzata, con tutte le sue conseguenze, non richiedeva il Mes: poteva avvenire anche per decisione unilaterale della Commissione, in base all'articolo 2, comma 1 dello stesso regolamento. Quindi non serviva il Mes come cavallo di troika. Se ci voleva mettere in difficoltà, la Commissione poteva farlo lo stesso. Più in generale, pensare che l'Europa avesse bisogno del Mes per metterci in difficoltà, in un periodo in cui ricevevamo comunque miliardi su miliardi dalle istituzioni europee, mi sembra davvero assurdo.

Ma di fronte a queste obiezioni la Commissione europea si prese pure la briga di far passare un nuovo Regolamento, approvato anche dal parlamento europeo, che chiariva che l'oggetto dell'attività di sorveglianza rafforzata sarebbe comunque stato limitato all'uso delle risorse per sanità e affini e non avrebbe incluso gli andamenti macroeconomici.[9] Anche questo non bastò.

C'era una seconda procedura che un prestito Mes avrebbe attivato: quella della sorveglianza dopo la fine dell'erogazione del prestito e del programma (la "*post-program surveillance*"). I paesi che hanno ricevuto prestiti dal Mes sono sottoposti per un po' di tempo a una sorveglianza più ravvicinata, visto che quei prestiti devono essere ripagati. Questa però è una procedura di routine, introdotta anni fa anche dal Fondo monetario internazionale e che mai ha portato a conseguenze effettive: si tratta di sorveglianza, non di un periodo in cui possono essere imposte nuove condizioni a un paese. E se la paura è che la Commissione utilizzi tale sorveglianza post-programma per raccomandare cose cui non si può resistere, be', lo stesso può avvenire nell'ambito della sorveglianza cui un paese è normalmente sottoposto dalla Commissione, con o senza Mes.

Altra obiezione: un paese che riceve un prestito dal Mes deve avere un debito pubblico "sostenibile" sulla base del giudizio della Commissione europea. E se poi quest'ultima avesse detto che il nostro debito pubblico non era sostenibile? E qui la Commissione europea si premurò subito di precisare ufficialmente che, nonostante l'aumento del debito dovuto alla pandemia, il debito italiano, come quello di tutti i paesi europei, restava sostenibile.[10]

Non bastò ancora. Iniziarono le obiezioni relative alle conseguenze che il prestito Mes avrebbe avuto per il tasso di interesse sui BTP. La logica era questa. I prestiti Mes sono "privilegiati", il che vuol dire che, in caso di bancarotta, sono i primi a essere ripagati. Chi compra titoli di stato verrebbe allora scoraggiato dall'acquisto di BTP dall'esistenza di un prestito dal Mes perché sarebbe meno tutelato in caso di bancarotta, avendo il Mes precedenza nel rimborso. Per compensare questa minore tutela gli acquirenti di BTP avrebbero richiesto un tasso di interesse più alto. Visto il volume di BTP emessi ogni anno, anche un piccolo aumento del tasso di interesse sui BTP avrebbe potuto più che compensare i risparmi del Mes sanitario. Si tratta di un'obiezione più sofisticata. Ma c'è una forte contro-obiezione (oltre a quella ovvia che non si potrà mai andare a stimare empiricamente quanto aumenterebbero i tassi sui BTP per compensare un prestito che vale solo 36 miliardi rispetto a un debito pubblico di 2500 miliardi): è vero che in caso di bancarotta i prestiti del Mes sono privilegiati, ma ricevere prestiti dal Mes piuttosto che dai mercati (che, come spiegato nel capitolo precedente, sono più volatili delle istituzioni internazionali) riduce il rischio di una bancarotta. E, in effetti, quando si sparse la notizia che l'Italia avrebbe beneficiato dei prestiti del Ngeu, che pure saranno privilegiati, i tassi di interesse sui BTP scesero, non aumentarono.[11]

Coraggio, ci avviamo verso la conclusione. Passiamo all'obiezione dello "stigma". Funziona più o meno così: il Mes ha una brutta fama, e se un paese riceve un prestito dal Mes dà l'impressione di non navigare proprio in ottime acque. Qui, qualcosa di vero potrebbe esserci, in linea di principio.[12] Ma questo effetto "stigma" mi sembra un po' sopravvalutato, specialmente dopo i chiarimenti dati dalla Commissione per cui il debito italiano è sostenibile, che la sorveglianza riguarderà solo l'uso dei fondi per sanità e affini, e così via. E poi, un paese come l'Italia, con un debito pubblico così alto, ha davvero bisogno del prestito Mes sanitario per segnalare di avere qualche problema?

Infine, ci sono le obiezioni che riguardano il comportamento degli altri paesi. Se il Mes sanitario è così conveniente, perché nessun altro paese dell'area dell'euro lo ha richiesto? E perché invece hanno richiesto il prestito Sure della Commissione europea per finanziare le spese per la cassa integrazione (vedi capitolo precedente)? La risposta è che l'Italia ha più da guadagnare da un prestito Mes, visto che i tassi di interesse che l'Italia paga sui propri BTP sono ben più alti di quelli della Francia, della Spagna e anche del Portogallo. Al momento della chiusura di questo libro, la Francia prende a prestito a tassi fortemente negativi anche a dieci anni. Spagna e Portogallo prendono a prestito a tassi intorno allo 0,1 per cento. Noi siamo allo 0,6 per cento.

Obiezione: ma persino la Grecia che prende a prestito a tassi di interesse un po' più alti dei nostri non richiede il Mes. Vero, ma nel caso della Grecia entra in gioco un altro fattore: nel 2020 e nel 2021 la Grecia ha pochi titoli pubblici che giungono a scadenza perché in passato ha ricevuto elevatissimi finanziamenti dalle istituzioni europee (compreso il Mes) a scadenze molto lunghe: ha quindi meno bisogno di prendere a prestito dal Mes rispetto a noi che dobbiamo convincere i mercati finanziari a comprare ogni anno centinaia di miliardi di BTP (nonostante gli acquisti fatti dalla Bce).

Un'ultima considerazione: forse quello che scoraggia davvero gli altri paesi dal chiedere un prestito – mentre non hanno avuto problemi a richiedere i prestiti dello Sure – non è tanto la paura dello stigma o che sia un cavallo di troika o quant'altro, ma il semplice fatto che essere sottoposti a condizioni che riguardano la spesa sanitaria è politicamente delicato. Se ci si impegna a costruire un ospedale e poi il Mes e la Commissione certificano che non si è stati capaci di costruirlo, be', politicamente la questione diventa piuttosto grossa. Ma, per quanto politicamente comprensibile, mi sembra che sia una ragione sbagliata per non prendere il Mes sanitario. Un po' di sorveglianza ravvicinata in un ambito così delicato sarebbe utile.

Mi sembra di aver esaurito gli argomenti. E sono un po' esaurito anch'io per questa ossessione del Mes. Come ho detto, non è una questione di vita o di morte. Ci sono cose più importanti (però io il prestito Mes l'avrei preso... ah, non sono riuscito a trattenermi!).

PARTE SECONDA
...e ritorno

Molti son li animali a cui s'ammoglia,
e più saranno ancora, infin che 'l veltro
verrà, che la farà morir con doglia.

Questi non ciberà terra né peltro,
ma sapienza, amore e virtute,
e sua nazion sarà tra feltro e feltro.

Di quella umile Italia fia salute
per cui morì la vergine Cammilla,
Eurialo e Turno e Niso di ferute.

Questi la caccerà per ogne villa,
fin che l'avrà rimessa ne lo 'nferno,
là onde 'nvidia prima dipartilla.

DANTE ALIGHIERI

5.
L'uguaglianza di possibilità come principio su cui fondare la nostra società

> Il povero resta dunque povero e il ricco acquista ricchezza non per merito proprio, ma per ragioni di nascita.
>
> LUIGI EINAUDI

Quando ci saremo ripresi dalla peggiore crisi sociale ed economica dalla fine della Seconda guerra mondiale, potremo tornare alle nostre vecchie abitudini. Potremo farlo, ma non dobbiamo. Il mondo pre-Covid non era per l'Italia particolarmente attraente.

Il nostro paese si era avviato su un sentiero di lenta decadenza. Stava decadendo economicamente, con un crescente divario nell'ultimo quarto di secolo tra il nostro reddito e quello degli altri paesi europei. Stava decadendo moralmente, con un impoverimento dei valori alla base della società e un inasprimento e una personalizzazione del confronto politico. Stava decadendo demograficamente, con uno dei più bassi tassi di natalità del mondo.

Questa decadenza era il risultato di politiche economiche e sociali sbagliate seguite negli ultimi decenni, politiche volte al consenso immediato, che hanno minato il contratto sociale alla base della vita comune e tolto vitalità all'economia, privando i nostri giovani di un futuro. Eppure abbiamo grandi potenzialità, imprenditori validi, lavoratori esperti e pieni di volontà. Ma il sistema Italia, come era prima del Covid, non era in grado di esprimere queste potenzialità.

Non possiamo andare avanti così. Non possiamo tollerare che questa decadenza continui e che l'Italia conti sempre meno all'interno di un continente, l'Europa, che dobbiamo rafforzare come polo mondiale di libertà e crescita sostenibile. Solo un'Europa unita può consentirci di trattare da pari a pari con giganti come Usa e Cina. Ma se l'Italia deve dare un contributo rilevante al progetto europeo, deve farlo da una posizione di forza.

Questa seconda parte del libro discute le basi per una rinascita che deve essere sociale prima ancora che economica. Per farlo occorre partire dai principi fondamentali che riguardano il tipo di società in cui vogliamo vivere e quale debba essere il ruolo dello stato in tale società.

Ci vorrebbe un'idea

Credo sia essenziale avere un'ideologia. Fa paura questa parola, no? "Ideologia" è una parola fuori moda. Mi suggeriscono di usare "visione", "missione", magari in inglese che suona più moderno. Ma non bisogna avere paura delle parole. Comunque, mi spiego: per ideologia intendo la chiara definizione dei principi ispiratori della società in cui vogliamo vivere, anzi, del principio ispiratore. È necessario fare questo per non cadere nel tatticismo, nelle decisioni prese in base a quello che sembra essere l'interesse immediato. Senza un'ideologia la politica diventa personalismo, diventa fede nel "*líder máximo*", nel capo carismatico che poi spesso finisce per essere presto abbandonato dall'opinione pubblica.

Purtroppo è stato così negli ultimi vent'anni. Non so se avete notato il nome di tanti partiti. Non fanno più riferimento a un'idea. Una volta c'era il Partito comunista, quello socialista, quello liberale. E c'era la Democrazia Cristiana. Questi nomi erano portatori di un'idea, che poteva piacere o non piacere, ma era un'idea. Da un po' di tempo predominano partiti personalisti con nomi che suggeriscono energia, vitalità, voglia di cambiare, di rinnovare. Ma per andare dove? Al massimo ci si mette dentro la parola "Italia" come una calamita per attirare chi ha ancora un po' di orgoglio nazionale. Rimane poco chiaro quale sia l'àncora ideologica necessaria per non essere trascinati via dalle correnti, per non lasciare spazio a decisioni incoerenti. Oppure dicono di essere a favore della digitalizzazione, dell'ammodernamento dell'Italia. Cose che dovrebbero essere ovvie, peraltro. Qualcuno è più concreto e sostiene di voler fare questa o quella cosa, solitamente più spesa e meno tasse. Ma non si dice mai perché si vogliono certe cose piuttosto che altre. I leader politici degli ultimi due decenni hanno sempre insistito sul fatto di essere più bravi degli altri. Ce ne sono stati tanti che si vendevano per maghi e che alla lunga non hanno combinato molto. Hanno creato partiti personali. Alcuni sono durati di più, altri meno. Tutti hanno fallito.

E allora ci vorrebbe un'idea. Ma quale idea?

La giustizia sociale

Credo sia desiderio di ognuno vivere in una società che, oltre che libera, sia anche giusta. Ma cosa vuol dire "giusta"? Non sono uno scienziato politico per cui mi sto avventurando in un terreno che non è il mio, sperando nella clemenza degli esperti, ma mi sembra che ogni cittadino si debba porre questa domanda e cercare una risposta che possa ritenere condivisibile.

Solitamente il concetto di giustizia sociale viene associato a quello di uguaglianza tra cittadini. Il problema è che, anche se spesso tanti politici sembrano dimenticarselo quando proclamano di volere una società più giusta, esistono diversi concetti di uguaglianza (e quindi di giustizia). Ce lo ricorda, fra gli altri, Norberto Bobbio in uno dei suoi libri più noti, *Eguaglianza e libertà*[1]:

> Certamente, una delle massime politiche più cariche di significato emotivo è quella che proclama l'eguaglianza di tutti gli uomini, la cui formulazione più corrente è la seguente: "Tutti gli uomini sono (o nascono) uguali"... la massima non ha un significato univoco ma ha tanti significati quante sono le risposte alla domanda "Tutti uguali, sì, ma in che cosa?".

Ora, tre principali concetti di giustizia sociale si sono scontrati negli ultimi due secoli, e forse più. Il primo è quello di giustizia giuridica, il che vuol dire che non ci devono essere leggi che valgono solo per un certo tipo di cittadini, il primo, il secondo e il terzo stato, o per una certa casta, ma che i diritti fondamentali (solitamente civili e politici) sono garantiti a tutti. Il secondo concetto è quello dell'uguaglianza delle opportunità o, sempre come scrive Bobbio, "delle *chances*, o dei punti di partenza", cui si aggiunge necessariamente il principio del merito per la determinazione dei risultati. Il terzo è quello dell'uguaglianza di fatto, quello dei punti di arrivo.

Se dovessimo illustrare queste diverse definizioni facendo riferimento a una corsa sui 100 metri, il concetto di uguaglianza giuridica ci direbbe che la gara è giusta se vince chi taglia per primo il traguardo, non chi ha il titolo di barone, marchese, e così via. Il concetto di uguaglianza delle opportunità ci direbbe che una società è giusta se, partendo da uno stesso punto, vince chi taglia per primo il traguardo senza aiuti di sorta, ma solo in base al proprio merito, alla propria volontà, al proprio senso di responsabilità. In questa visione il criterio del merito diventa il criterio "giusto" per l'attribuzione dei premi proprio perché esiste anche un'uguaglianza delle opportunità. Il concetto di uguaglianza di fatto o dei punti di arrivo ci direbbe che una società è giusta se tagliano il traguardo tutti insieme, dandosi la mano.

A questi tre diversi concetti di uguaglianza corrispondono tre diversi ruoli per lo stato nella società. Nel caso dell'uguaglianza giuridica, lo stato deve fare in modo che la legge sia uguale per tutti, ossia deve garantire che il premio venga dato a chi effettivamente ha tagliato il traguardo per primo. Non è però compito dello stato quello di verificare se, e garantire che, tutti abbiano avuto le stesse possibilità di tagliare il traguardo per primi. Nel caso dell'uguaglianza delle opportunità, non solo lo stato deve garantire l'uguaglianza giuridica, ma deve anche garantire un'adeguata uguaglianza dei punti di partenza. Nel caso dell'uguaglianza di fatto è compito dello stato garantire che tutti taglino il traguardo insieme, il che vuol dire che chi è naturalmente più veloce deve dare una mano a chi è naturalmente più lento.[2]

Messa così, le differenze nel concetto di uguaglianza sono piuttosto caricaturali. In nessuna società moderna prevale solo uno di questi tre criteri. Esistono poi una marea di questioni, filosofiche e politiche, su cosa esattamente comporti in pratica l'uguaglianza nelle tre accezioni sopra descritte. Ciò detto, le differenze sono anche chiare: le società possono differire nella misura in cui si dà prevalenza all'uno o all'altro concetto di uguaglianza e a quanto lo stato si debba impegnare per garantire la realizzazione dell'uno o dell'altro concetto.

La scelta sul peso da dare a questi tre concetti di uguaglianza e al corrispondente ruolo dello stato dipende dalle nostre preferenze politiche. Si associa spesso al "liberismo" il concetto di uguaglianza di fronte alla legge, alla "democrazia sociale" quello di uguaglianza nei punti di partenza e al "socialismo" quello di uguaglianza nei punti di arrivo. Ma anche queste sono semplificazioni semantiche. Come vedremo, ci sono ottimi motivi per considerare, per esempio, in un ideale liberale basato su concorrenza e merito, l'uguaglianza nei punti di partenza come essenziale.[3]

Detto questo, è per me una scelta politica quella di credere che, nell'attuale situazione italiana, sia preferibile puntare sul secondo concetto di uguaglianza, quello di uguaglianza delle opportunità. L'uguaglianza giuridica è certo necessaria, ma mi sembra insufficiente: si finirebbe per premiare non il merito ma le condizioni di nascita. Dalla Rivoluzione francese abbiamo abbandonato il concetto di casta, ma, nella sostanza, le disuguaglianze di nascita, che derivano non solo dalle differenze nella ricchezza e nel grado di educazione dei genitori, ma anche dai nostri pregiudizi (per esempio, per le disuguaglianze di genere) sono altrettanto importanti nello spiegare perché, nella realtà, non tutti nasciamo uguali, non solo per l'ovvia constatazione che abbiamo un diverso patrimonio genetico, e su quello c'è poco da fare, ma per il fatto che non abbiamo, a parità di tale patrimonio genetico, uguali possibilità nella vita. Ristabilire un grado sufficiente di uguaglianza di possibilità non soddisfa solo un'esigenza morale di giustizia, ma è anche coerente con la necessità di rafforzare la capacità produttiva dell'economia. Nelle parole di Luigi Einaudi:

> Quante invenzioni utili, quante scoperte scientifiche, quanti capolavori di scultura, di pittura, di poesia, di musica, non poterono mai giungere a perfezione, perché l'uomo, il quale vi avrebbe potuto dar nascimento, dovette sino dai primi anni addirsi a duro brutale lavoro, che gli vietò di far germogliare e fruttificare le qualità sortite da natura?[4]

L'uguaglianza nei punti di arrivo è bella, ma nell'Italia (e nel mondo) del XXI secolo mi sembra utopica e incompatibile con la tutela del merito che vedo ancora come un fondamentale principio di efficienza economica. Insomma, per dirla in breve, se il ruolo dello stato è, prevalentemente, quello di ridistribuire il reddito prodotto dai diversi individui, perché gli individui dovrebbero sforzarsi per produrlo? Certo, sarebbe bello se ciò potesse avvenire senza stimoli e ricompense individuali. È il "da ognuno secondo le sue capacità; a ognuno secondo i suoi bisogni!" di Karl Marx. È, più indietro nel tempo, il pensiero degli Atti degli Apostoli (4,35): "Nessuno infatti tra loro era bisognoso, perché quanti possedevano campi o case li vendevano, portavano il ricavato di ciò che era stato venduto e lo deponevano ai piedi degli apostoli; poi veniva distribuito a ciascuno secondo il bisogno". È (dirà qualcuno *si parva licet componere magnis*) il John Lennon di *Imagine*.[5] Forse in un futuro lontano tutto questo sarà possibile. Ma nella società attuale siamo, temo, ancora troppo individualisti per non pensare che l'efficienza produttiva richieda compensi individuali che non vedo come altro potrebbero essere distribuiti se non in base al merito.

E poi penso che, nella pratica politica dell'Italia pre-Covid, si sia puntato troppo (e male) sulla ridistribuzione (o, meglio, su un tentativo di ridistribuzione), piuttosto che sul principio delle opportunità. Si è puntato troppo sul reddito di cittadinanza e troppo poco sull'opportunità di cittadinanza. E si è lasciato troppo spazio alle relazioni clientelari e al nepotismo, a scapito del merito, tanto nel settore pubblico quanto in quello privato. Come sottolineato da tempo da Luigi Zingales, il capitalismo italiano soffre di una carenza di meritocrazia e di concorrenza, e questo non può che penalizzarne la capacità di crescita.[6]

Quindi occorre puntare, anche per poi poter lasciare operare il criterio del merito come condizione di efficienza economica e di crescita, su una maggiore uguaglianza delle opportunità. Da qui in poi la chiamerò *uguaglianza di possibilità,* perché il concetto di possibile mi sembra meglio legato al "pieno sviluppo della persona umana e l'effettiva partecipazione" dell'articolo 3 della nostra Costituzione, uno sviluppo che deve essere possibile per tutti.[7] Dopo questa netta scelta di campo occorre però chiarire i limiti che esistono al concetto di uguaglianza di possibilità, anche per rispondere ad alcune ovvie critiche.

L'uguaglianza di possibilità: alcuni chiarimenti necessari

Le critiche all'uguaglianza di possibilità vengono sia da "destra", dai sostenitori della pura uguaglianza giuridica come condizione sufficiente per disegnare una società, sia da "sinistra", da chi pensa che l'uguaglianza nei punti di arrivo debba essere il concetto cardine.

L'obiezione principale da destra è che raggiungere un vero stato di uguaglianza di opportunità richiederebbe una società "spartana" in cui i figli sono sottratti ai genitori e affidati allo stato, in una forma o nell'altra, stato che li farebbe crescere sulla base di un'educazione standard, uguale per tutti. In effetti, se si volesse spingere il concetto di uguaglianza di possibilità alle sue conseguenze estreme dovrebbe essere così. Ma a ben pochi una tale società apparirebbe accettabile. Da un punto di vista pragmatico, la soluzione è abbastanza semplice: l'obiettivo non può essere quello di una *completa* uguaglianza di possibilità, ma quello di un grado *sufficiente* di possibilità. E per "sufficiente" si deve intendere il livello sopra il quale differenze anche sostanziali nel grado di ricchezza o di istruzione dei genitori o in altri aspetti del contesto in cui si nasce non corrispondano a una differenza rilevante nelle possibilità di sviluppo.

Le critiche che giungono da sinistra sono più numerose. C'è stato poi di recente un risveglio di queste critiche proprio negli Stati Uniti, che sono sempre stati considerati il paese delle opportunità, dove potevi nascere povero e morire miliardario. È il sogno americano. Il problema è che il sogno americano sembra non aver funzionato nella pratica, soprattutto negli ultimi decenni: da un lato, a partire dall'inizio degli anni ottanta, la distribuzione del reddito e, ancor più, della ricchezza si è sempre più sbilanciata a favore dei ricchi; dall'altro, l'ascensore sociale, la logica conseguenza di un mondo in cui esiste un'uguaglianza di opportunità e viene premiato il merito, non ha più funzionato bene come in passato (vedi sotto).

Due libri pubblicati di recente sfidano allora apertamente il criterio del merito come strumento di avanzamento sociale e, a ben vedere, lo stesso criterio dell'uguaglianza di possibilità come ideale guida per il raggiungimento di una vera giustizia sociale. Il primo è *The Meritocracy Trap: How America's Foundational Myth Feeds Inequality, Dismantles the Middle Class, and Devours the Elite* di Daniel Markovits, professore di Legge alla Yale Law School, pubblicato per i tipi della Penguin Press nel 2019. Il secondo è *La tirannia del merito. Perché viviamo in una società di vincitori e di perdenti* (Feltrinelli, Milano 2021) di Michael J. Sandel, docente di Filosofia politica a Harvard.[8] Vediamo quali sono le loro critiche.

Due punti principali vengono sollevati. Il primo punto, peraltro condivisibile anche da chi sostiene la validità del concetto di uguaglianza di possibilità, è fattuale. Negli Stati Uniti della fine del XX secolo e dell'inizio del XXI non è il vero merito che viene premiato: per esempio, nelle migliori scuole e università ci vanno i figli dei ricchi, magari "comprando" l'ammissione attraverso generose donazioni. La gara non è quindi una gara corretta: si finge di premiare il merito, ma si premiano i figli di papà. Il merito come discriminante non funziona. Nella realtà, non c'è vera uguaglianza di possibilità, e quindi, anche se sembra di adottare criteri meritocratici, in realtà non lo si fa. Se questa fosse l'unica critica, la soluzione sarebbe semplice: occorrerebbe rendere effettiva l'uguaglianza di possibilità. Senza tale uguaglianza non ha senso premiare il merito, perché merito non sarebbe.

Il secondo punto è però più sostanziale perché sfida proprio il presupposto su cui si fonda una giustizia sociale basata sull'uguaglianza di possibilità: quella della visione della vita sociale come una "gara" in cui il merito va premiato. La critica è ben espressa da questo passaggio del libro di Sandel:

> Il problema con la meritocrazia non ha a che fare soltanto con il fatto che la pratica non soddisfa appieno l'ideale. Se il problema fosse questo, la soluzione consisterebbe nel perfezionare l'uguaglianza di opportunità e nel realizzare una società in cui le persone possono, quale che sia il loro punto di partenza nella vita, salire davvero fin dove le portano i propri sforzi e i propri talenti. Si può però dubitare che persino una meritocrazia perfetta sia soddisfacente dal punto di vista morale o politico.

Il motivo di questa insoddisfazione morale e politica è duplice: da un lato, i premi per chi arriva primo sono esagerati rispetto a quello che spetta agli ultimi; dall'altro, i vincenti tendono a essere presi da un senso di tracotanza (il termine usato da Sandel è quello greco, *hybris*), mentre gli ultimi si sentono umiliati:

> Ma una meritocrazia perfetta bandisce qualsiasi concezione di dono o grazia e inibisce l'attitudine a considerare noi stessi parte di un destino comune, lasciando poco spazio alla solidarietà, che potrebbe sorgere nel momento in cui riflettiamo sulla precarietà del nostro talento e delle nostre fortune. Questo è ciò che fa del merito una sorta di tirannia, o una regola ingiusta.

Posta così la questione, non c'è dubbio che Sandel abbia ragione. Pensate all'esempio dei 100 metri cui ho fatto riferimento. Che società sarebbe se il primo ricevesse ricchezze e onori come premio per la vittoria e gli altri fossero condannati a morire di stenti? Pochi vorrebbero vivere in una tale società.

Ma ciò non comporta rigettare il principio dell'uguaglianza di possibilità e del merito. Comporta moderarne le implicazioni pratiche lasciando spazio a un adeguato grado di ridistribuzione da parte dello stato o, in altri termini, evitando che i primi della gara risultino troppo diversi dagli ultimi. Il tema del perché si debba mitigare il principio del merito con quello della solidarietà è molto importante e lo tratto in modo approfondito nelle prossime pagine.

Un'ultima obiezione, che è implicita anche in quanto scrive Bobbio sul tema a p. 25 del già citato volume: c'è il rischio che una società basata sull'uguaglianza nei punti di partenza e sul merito porti al "prevalere di una concezione conflittualistica globale della società, per cui tutta la vita sociale viene considerata un'immensa gara per il conseguimento di beni scarsi". Anche questa è un'obiezione valida e in linea con quanto Sandel sottolineava sopra. Ma occorre ricordare che l'idea dell'immensa gara a somma zero ("per il conseguimento di beni scarsi") è intrinsecamente sbagliata. L'idea è proprio che attraverso la competizione e le motivazioni che essa comporta la società è in grado di aumentare le risorse disponibili.

Chi determina il merito?

Una piccola parentesi per chiarire un punto forse ovvio. Occorre chiedersi, parlando di principi fondamentali e quindi a un livello di astrazione elevato, chi debba decidere chi "vince la corsa" e, in particolare, che ruolo abbiano le forze di mercato rispetto allo stato. Anche una società in cui i mezzi di produzione appartengono prevalentemente a quest'ultimo, un'economia pianificata potrebbe in linea di principio essere basata sul merito. L'avanzamento economico e sociale sarebbe scandito da esami e concorsi. È quello che Einaudi, nel già citato saggio, critica come "una società di mandarini", che probabilmente finirebbe per premiare "i figli dei mandarini". In ogni caso, a meno di voler cambiare completamente i fondamenti sociali ed economici del nostro paese, passando appunto a un modello di pianificazione centrale – che mi pare abbia dato prova, diciamo, di avere qualche problema in termini di efficienza economica (per non parlare di democrazia) –, dovrebbero essere le forze di mercato, nell'ambito di un'economia in cui la maggior parte dei mezzi di produzione rimane in mani private, a determinare chi merita i premi e a quanto debbano ammontare. Questo prima di un grado di ridistribuzione che non sia incompatibile con l'efficienza economica, ma che elimini gli eccessi sopracitati. Vediamo ora perché tale ridistribuzione è del tutto giustificabile in un mondo ispirato comunque dall'uguaglianza di possibilità e dal premio al merito.

Solidarietà e ridistribuzione

Nell'affermare che, anche in una società basata sull'uguaglianza di possibilità e sul premio al merito, ci sia spazio per politiche di solidarietà e ridistribuzione, corro il rischio di essere tacciato di "cerchiobottismo". Ma è un rischio che devo correre perché le semplificazioni, il vedere tutto o bianco o nero, sono uno dei mali che affliggono attualmente l'Italia (e non solo). Ci sono almeno cinque motivi per cui il principio del merito debba essere moderato da politiche di solidarietà e ridistribuzione (per esempio, una tassazione progressiva).

Il primo è quello cui fa riferimento Sandel: quello slancio di solidarietà che sentiamo, o che dovremmo sentire, verso il nostro prossimo, anche se si potrebbe obiettare che niente impedisce ai primi della gara di ridistribuire volontariamente parte dei premi, se intendono farlo.

Il secondo nasce da una domanda fondamentale: che merito c'è a essere bravi? Voglio dire, nasciamo comunque con un certo patrimonio genetico. Quando diciamo di voler premiare il merito di solito intendiamo premiare i risultati, che siano dovuti ad abilità o all'impegno che si può mettere in certe attività. Ma sia le abilità naturali, sia la capacità di impegnarsi dipendono dal nostro patrimonio genetico, che a sua volta dipende dalla casuale combinazione dei geni di chi ci ha messo al mondo. Portando all'estremo tale obiezione, il criterio del merito crollerebbe e dovremmo cadere nell'uguaglianza di fatto, cosa che per i motivi spiegati sopra non credo possa funzionare. Ma il nascere per caso con certe doti, abilità e volontà ci deve portare a moderare quel senso di tracotanza descritto da Sandel. Il rispetto della dignità umana, il garantire un minimo standard di vita, che dipende dal particolare contesto economico e sociale, rimane comunque un principio importante. È il *"You'll never walk alone"* dei tifosi del Liverpool.

Il terzo motivo per moderare il criterio del merito è di tipo probabilistico. I primi, anche nel corso di una vita lavorativa, sono in media anche più fortunati. Attenzione: non ho detto che sono *tutti* più fortunati, ma in media dovrebbero aver avuto più fortuna degli altri. Su 100 che sono arrivati "ai piani alti" ci saranno probabilmente più persone che hanno beneficiato di colpi di fortuna di quanti di norma troviamo tra 100 che non ce l'hanno fatta. È proprio ciò a cui, penso, faccia riferimento Sandel quando parla della precarietà "delle nostre fortune". Tenendo conto di questo, i primi dovrebbero accettare di buon grado una tassazione progressiva dei propri redditi. Questa può essere vista come una sottrazione di quella parte di reddito che è dovuta alla fortuna e non al merito. Viceversa, chi non vince è anche perché è stato sfortunato e riceve indietro qualcosa per compensare tale sfortuna.

Il quarto motivo è che una società dove la distribuzione del reddito è troppo squilibrata porta solitamente a tensioni, indipendentemente da quale sia l'origine di tali squilibri. E la tensione sociale porta a minore crescita economica, anche in questo caso causando un restringimento della dimensione della torta da suddividere. Fra i tanti, ce lo dice anche il Fondo monetario internazionale.[9]

Il quinto e ultimo motivo ha a che fare con... il Grande Gatsby, o meglio con la relazione statistica che viene chiamata "la curva del Grande Gatsby". La pubblicò per primo l'economista Alan Krueger nel gennaio 2012, quando era presidente del Council of Economic Advisors sotto la presidenza Obama. Il nome deriva dal protagonista del libro di Francis Scott Fitzgerald, in cui uno dei temi chiave è la delusione del sogno americano di avanzamento sociale. La curva evidenzia come nei paesi dove la distribuzione del reddito è più sbilanciata l'ascensore sociale funzioni peggio.[10] Di conseguenza, per far funzionare l'ascensore sociale occorrono anche politiche di ridistribuzione. Dietro a questa conclusione c'è il fatto che – in modo più chiaro dove lo stato è assente nel fornire strumenti di riequilibrio nelle opportunità – chi nasce povero finisce anche per avere meno opportunità, perché i genitori e la famiglia non lo assistono nella creazione di quel capitale umano che è necessario per il successo nella vita. Politiche statali di riequilibrio delle opportunità potranno ridurre questo problema ma non possono essere perfette (salvo in una società "spartana"): un grado adeguato di ridistribuzione del reddito consente anche di migliorare le condizioni di partenza, al di là di quello che può fare lo stato direttamente.

Perché in Italia la questione dell'uguaglianza di possibilità e del premio al merito è oggi particolarmente importante?

Partendo dall'attuale stato della società e dell'economia italiana credo che sia essenziale muoverci verso una società in cui esista un maggior grado di uguaglianza di possibilità.

L'ascensore sociale nel nostro paese funziona male e il merito non è abbastanza premiato. Un recente studio della Banca mondiale lo conferma con statistiche precise.[11] Queste ultime si riferiscono alla "mobilità relativa" cioè al posizionamento nella scala economica (per esempio, in quale percentile della distribuzione del reddito si collocano i figli rispetto al posizionamento dei genitori). Secondo la Banca mondiale, la mobilità intergenerazionale relativa dell'Italia è la più bassa in Europa (tranne che in Slovacchia), perlomeno per la quindicina di paesi europei per cui i dati sono disponibili. Secondo un rapporto Ocse, invece, non siamo proprio tra gli ultimi della classe, ma neanche tra i primi: fra i trenta paesi Ocse per cui i dati sono disponibili, l'Italia compare al diciottesimo posto (e sotto la media Ocse) come mobilità intergenerazionale.[12] Lo stesso rapporto ci dice che nel nostro paese occorrono cinque generazioni perché i discendenti di una famiglia nel 10 per cento più povero della popolazione possano raggiungere il livello di reddito medio. Siamo sopra la media Ocse, anche se meglio di Francia e Germania (sei generazioni). Infine, anche nella *Great Gatsby curve*, l'Italia non è in una buona posizione in termini di mobilità intergenerazionale: siamo tra i peggiori dopo Perù, Cile, Brasile e Cina (almeno in base a dati precedenti il 2012, quando la curva fu pubblicata).

Certo, si potrebbe sostenere che l'ascensore sociale non funziona per il semplice fatto che nasciamo diversi, e non perché esistono diverse possibilità di migliorare la propria condizione. In altri termini i figli dei "migliori", ereditando il patrimonio genetico dei genitori, sarebbero naturalmente dotati di maggiori talenti. Già a prima vista non è una storia troppo convincente e, più nello specifico, studi in quest'ambito non sono arrivati a una chiara conclusione sull'effetto del patrimonio genetico ereditato sulla capacità di raggiungere certi livelli di quoziente intellettivo (QI).[13] In ogni caso, se l'eredità genetica fosse un fatto fondamentale, per spiegare il peggior funzionamento dell'ascensore sociale in Italia si dovrebbe concludere che il patrimonio genetico degli italiani presenta differenze al suo interno molto più marcate e stabili di quelle degli altri paesi europei, cosa piuttosto strana. Lo scenario allora più plausibile è che la scarsa mobilità sociale sia dovuta al fatto che, in Italia più che altrove, non venga data a tutti la possibilità di avanzare, fossilizzando la struttura sociale ed economica ereditata dal passato.

Al di là delle statistiche, non vedo attuate in Italia le politiche che renderebbero tale uguaglianza fattibile in pratica. È un po' come dire: non so se siamo più bagnati degli altri, ma piove e non stiamo usando l'ombrello. Ecco, dobbiamo usare di più l'ombrello.

Infine, il problema dell'uguaglianza di possibilità è particolarmente importante per i suoi risvolti in termini di efficienza economica, punto essenziale in un paese che, anche in una fase pre-Covid, aveva un reddito pro capite uguale a quello di vent'anni prima. Da un lato, proprio perché abbiamo un problema di crescita, non possiamo permetterci il lusso di sprecare le risorse dei giovani che, pur avendo talento, nascono e crescono senza adeguate possibilità e finiscono per perdere quella capacità produttiva che potrebbero invece offrire alla società (oppure vanno all'estero per mancanza di possibilità lavorative qui in Italia).[14] Dall'altro, rendere effettivo il principio dell'uguaglianza di possibilità consente poi di lasciare operare il criterio del merito come criterio di allocazione delle risorse. Questa per me è una priorità dal punto di vista economico. Se non si premia il merito spariscono gli incentivi a "darsi da fare". E, in un mondo in cui non siamo ancora sufficientemente altruisti, se mancano gli incentivi l'economia si indebolisce, le dimensioni della torta si riducono, o crescono meno, e tutto (anche le politiche di ridistribuzione) diventa più complicato. Ecco, a me sembra che in Italia si parli troppo poco di merito e se ne dovrebbe parlare di più. C'è, semmai, un'eccessiva enfasi sull'uguaglianza nei punti di arrivo, il che spegne gli incentivi a crescere, premia l'inerzia invece del merito. Premia l'incoscienza invece che la responsabilità. Premia chi reclama diritti senza pensare ai doveri.

6.
Dal principio generale a un'agenda politica

Un'idea, un concetto, un'idea
Finché resta un'idea è soltanto
un'astrazione
Se potessi mangiare un'idea
Avrei fatto la mia rivoluzione

GIORGIO GABER

Riassumiamo i concetti finora esposti. Dare a tutti la possibilità di mirare "al pieno sviluppo della persona umana" significa garantire l'uguaglianza di possibilità. Vuol dire creare un paese in cui tutti, indipendentemente dalle generali condizioni di nascita – dallo strato sociale di provenienza, dal livello di istruzione dei genitori, dall'essere nati al Nord, al Centro o al Sud, indipendentemente dalla diversità di genere e dalle eventuali disabilità – abbiano la possibilità di esprimersi al meglio e realizzare il proprio potenziale nella vita. Non si può garantire l'uguaglianza nei punti di arrivo, né che i desideri di ognuno possano esaudirsi, ma occorre garantire la possibilità di raggiungere ciò a cui si aspira, con il solo vincolo delle proprie capacità.

Nel perseguire questo obiettivo è opportuno essere realisti. Un'assoluta uguaglianza di possibilità non potrà mai essere assicurata, e non è neppure desiderabile: porterebbe, come ho detto, a una società "spartana" in cui i figli sarebbero sottratti ai genitori. Quello che bisogna però assicurare a tutti è che esistano le condizioni sufficienti per esprimere al meglio le proprie qualità. È in tal senso che va intesa l'espressione "uguaglianza di possibilità".

Da questo ideale derivano due implicazioni di carattere generale. La prima riguarda la possibilità di premiare il merito (non si premia il merito se i punti di partenza non sono livellati). Premiare il merito è un principio di efficienza. È la base di una società meritocratica, non basata sulle cordate, le amicizie, le lobby. Una seconda implicazione riguarda la responsabilizzazione delle persone: coniugare uguaglianza di possibilità e meritocrazia significa mettere le persone al centro del loro futuro, allineare i diritti con i doveri, abbandonare l'idea che tutto debba cadere dall'alto. Spetta allo stato dare una possibilità a tutti. Spetta a noi tutti sfruttare quella possibilità.

Quanto sopra va applicato però con buonsenso, moderazione e civiltà. Chi *nasce* con dei talenti lo deve a una fortunata combinazione genetica. Chi *arriva primo* grazie a quei talenti lo deve anche a eventi fortuiti che accadono nella vita. Occorre quindi prestare particolare attenzione al fatto che non si creino eccessivi squilibri nei punti di arrivo attraverso politiche di solidarietà e ridistribuzione (senza arrivare all'utopica parità dei punti di arrivo).

Muniti di questo armamentario ideologico, ci avventuriamo ora in quelle che, nella pratica, dovrebbero essere le politiche per realizzare la società che vogliamo, oggetto di questo e del prossimo capitolo.

La pubblica istruzione

Non posso non partire dalla pubblica istruzione. Come può esserci uguaglianza di possibilità senza una pubblica istruzione di alta qualità, dall'asilo nido agli studi post-universitari? Un'istruzione pubblica dotata di risorse adeguate all'importanza della sua missione serve non solo a dare a tutti un'adeguata base di partenza, ma anche a integrare giovani di estrazione sociale diversa, evitando una formazione elitaria.

Eppure quella per l'istruzione è la cenerentola della spesa pubblica italiana ormai da quasi quindici anni.[1] Dal 2007 al 2018 la spesa per l'istruzione è scesa del 9,1 per cento in termini nominali e del 19,6 al netto dell'inflazione, riducendosi dal 4,5 al 3,8 per cento del Pil. Questo declino è andato oltre il calo dovuto alla discesa nel numero degli studenti dovuta a fattori demografici: la spesa per la pubblica istruzione media per popolazione fra i tre e i venticinque anni in rapporto al reddito pro capite italiano è scesa del 14,1 per cento. Nel 2017 (e le cose non sono cambiate molto da allora) la nostra spesa per la pubblica istruzione era la quart'ultima in Europa, seguita solamente da Bulgaria, Irlanda e Romania. In percentuale di spesa pubblica totale, l'Italia era ultima con solo il 7,9 per cento contro il 10,2 per cento della media europea. Siamo l'unico paese europeo dove la spesa per la pubblica istruzione era nel 2018 più bassa della spesa per interessi sul debito pubblico. Il divario con l'Europa è anche più forte per la spesa universitaria: spendiamo lo 0,3 per cento del Pil, meno della metà della media europea. Siamo ultimi in Europa. Solo il 25-26 per cento dei trentenni è laureato, contro una media europea del 40 per cento. Peggio di noi, e di poco, solo la Romania.[2]

Le cose non vanno meglio neanche nei primissimi anni di formazione. I dati riportati sopra non includono gli asili nido, ma anche in quello siamo molto indietro.[3] Nell'anno scolastico 2017-18 i posti a disposizione nei nidi d'infanzia erano circa 355.000, metà pubblici e metà privati, con un tasso di copertura dei bambini fino a due anni del 24,7 per cento, ben al di sotto di quanto l'UE aveva raccomandato di raggiungere entro il 2010 (33 per cento), e con gradi di copertura del 10 per cento al Sud.

Eppure l'importanza dei primissimi anni di vita per l'apprendimento, e per l'insorgere di disuguaglianze poi difficili da correggere, è confermata da diversi lavori. Tra gli studi più noti sull'effetto dell'educazione nei primissimi anni di vita ci sono quelli di James Heckman, premio Nobel per l'Economia nel 2000. Heckman stima che il rendimento di un investimento in istruzione è più elevato per l'asilo di qualunque altra fase della vita scolare o post-scolare. Anzi raggiunge il massimo proprio nei primi tre anni di vita.[4] A mostrare, invece, come le differenze nel grado di scolarizzazione vengano "trasmesse" dai genitori ai figli, alimentando una disuguaglianza di possibilità, c'è, tra gli altri, uno studio condotto su un gruppo di 653 bambini fra i tre anni e mezzo e i quattro anni e mezzo, promosso da

Save the Children – Italia.[5] Per tutti gli aspetti dei test (lettura e scrittura, matematica e risoluzione dei problemi, sviluppo socio-emozionale, sviluppo fisico-motorio), i risultati sono nettamente migliori quando almeno un genitore ha una laurea. Le differenze tra i risultati tendono però a ridursi per bambini che hanno partecipato a programmi di educazione per la prima infanzia. Riassumendo, non solo la frequenza di asili nido aumenta le capacità cognitive di tutti i bambini, ma le aumenta di più per i bambini che provengono da famiglie disagiate, riducendo, quindi, le disuguaglianze nei punti di partenza.

Le conseguenze di questo inadeguato investimento in capitale umano si fanno sentire. L'Italia partecipa al programma PISA sul grado di apprendimento degli studenti dei paesi Ocse. Ecco come venivano riassunti i risultati italiani per il 2018:

> Nel 2018, l'Italia ha ottenuto un punteggio inferiore alla media Ocse in lettura e scienze e in linea con la media Ocse in matematica. La prestazione media dell'Italia è diminuita, dopo il 2012, in lettura e in scienze, mentre si è mantenuta stabile (e al di sopra del livello osservato nel 2003 e 2006) in matematica. Il rendimento in lettura è diminuito in particolare tra le ragazze (ed è rimasto stabile tra i ragazzi). Il rendimento in scienze è diminuito in modo più marcato tra gli studenti con i risultati più elevati, in misura simile sia per i ragazzi sia per le ragazze. In tutti e tre gli ambiti, la prestazione media in Italia è stata inferiore, tra gli altri paesi, a quella di Belgio, Francia, Germania, Paesi Bassi, Polonia, Slovenia, Svezia e Regno Unito. L'Italia ha ottenuto un punteggio simile a quello del Portogallo e della Spagna in matematica, ma inferiore a questi due paesi in scienze e inferiore a quello del Portogallo in lettura, e ha ottenuto un punteggio simile a quello della Svizzera in lettura, ma inferiore a quello della Svizzera in matematica e scienze.

Insomma, soprattutto rispetto ai paesi europei, non ci troviamo in una buona situazione e stiamo, in generale, perdendo terreno rispetto a una decina di anni fa.

Dobbiamo aumentare la spesa per la pubblica istruzione, soprattutto dove le carenze sono più forti, ossia per università e asili. Per questi ultimi dovremmo portare il grado di copertura almeno al 60 per cento con un'uguale distribuzione in tutte le regioni.[6]

Anche nella scuola primaria e secondaria servono più risorse, ma lì il discorso è più complesso. Negli ultimi anni spesso si è pensato che la soluzione ai problemi della scuola primaria e secondaria risiedesse nell'aumentare il numero degli insegnanti. La ministra della Pubblica istruzione Lucia Azzolina nell'agosto 2020 ha parlato della necessità di evitare le cosiddette "classi pollaio" per carenza di insegnanti, e non si riferiva al periodo dell'emergenza Covid, ma al medio-lungo termine. Non è questo il problema della scuola italiana. Noi non abbiamo pochi insegnanti. Abbiamo insegnanti che sono poco pagati, poco incoraggiati e poco formati.[7] E, del resto, quelli della mia generazione erano abituati a stare in classi di una trentina di alunni. Ora, secondo l'Ocse le nostre classi (nella scuola media) hanno una dimensione media di 21 studenti, contro 23 della media Ocse, e valori tra i 24 e i 25 per Germania, Francia, Spagna e Regno Unito. Negli anni sessanta il numero di insegnanti era di 6 ogni 100 alunni. È cresciuto rapidamente negli anni settanta, arrivando poi a 11 all'inizio dei novanta. Poi ha oscillato un po', ma ha accelerato di nuovo negli ultimi anni, raggiungendo i 12 insegnanti ogni 100 alunni nel 2020, anche al netto delle assunzioni seguite alla crisi Covid. Eppure, secondo l'Ocse, non c'è una chiara evidenza empirica sul fatto che classi di dimensione inferiore funzionino meglio.[8]

Quindi non mi sembra che sia appropriato assumere nuovi insegnanti. Occorre puntare invece sul migliorarne la qualità, piuttosto che la quantità. E siccome la qualità si paga, occorre anche retribuirli meglio, cosa peraltro giustificata dall'importanza del loro lavoro per la società. Invece, l'Italia paga poco i suoi insegnanti, sia in termini assoluti, sia rispetto al reddito pro capite medio del paese: tra il 2005 e il 2019 in Italia lo stipendio medio degli insegnanti è stato più o meno pari al livello del reddito pro capite, mentre, nello stesso periodo, lo stipendio medio degli insegnanti nei paesi Ocse è stato tra l'11 e il 26 per cento più alto.

Non solo li paghiamo poco, ma li paghiamo male. Il divario retributivo con gli altri paesi è abbastanza basso al momento dell'assunzione, ma cresce nel tempo con aumenti, in Italia, che sono limitati e legati prevalentemente all'anzianità. Non si premia il merito. Ci aveva provato Matteo Renzi, a dire il vero, a portare un elemento di premialità nelle retribuzioni, ma il rigetto fu immediato.

Renzi (che, ricordo, ho criticato per altre cose, ma qui bisogna riconoscere che si stava muovendo nella direzione giusta) aveva provato anche a sanare un altro problema (seppure in modo ancora parziale), prevedendo l'obbligo di un numero minimo di ore di formazione per gli insegnanti. Era nella legge sulla Buona Scuola. Niente da fare. Con l'ultimo contratto della scuola stipulato per il triennio 2016-18, l'aggiornamento è stato reso di fatto facoltativo. È stato un errore. La formazione è essenziale.

E poi c'è da spendere per migliorare le attrezzature scolastiche. Come scrive Iside Castagnola: "Il patrimonio edilizio scolastico è composto da 40.160 edifici, ma il certificato di collaudo statico è posseduto da 21.591 edifici, il certificato di prevenzione incendi da 9824 edifici, quello di agibilità da 15.687 edifici. Il piano di emergenza è posseduto da 31.835 edifici. Gli edifici attivi progettati o successivamente adeguati alla normativa antisismica sono solamente 5117, pari a circa il 12%. Ne consegue che l'88% degli edifici non è a norma".[9]

Come agli insegnanti, il principio del merito dovrebbe essere applicato anche agli studenti. L'articolo 34 della Costituzione sancisce che: "I capaci e i meritevoli, anche se privi di mezzi, hanno diritto di raggiungere i gradi più alti degli studi. La Repubblica rende effettivo questo diritto con borse di studio, assegni alle famiglie ed altre provvidenze, che devono essere attribuite per concorso". Nessuno studente bravo dovrebbe essere scoraggiato nel proseguire gli studi. Non vedo invece niente di scandaloso nel chiedere un contributo a coprire i costi della pubblica istruzione, quando non sia obbligatoria, a chi se lo può permettere. Le proposte avanzate da alcuni di eliminare completamente le tasse universitarie anche per famiglie con reddito elevato non trova base nella Costituzione e, comunque, non ha senso.

Due pensieri conclusivi in tema di pubblica istruzione. Primo, non è superfluo per me che ero studente ai tempi del Sessantotto dire che il merito deve continuare a essere riconosciuto anche per gli studenti. C'era il "18 politico", allora (chissà se Sandel sarebbe a favore...). La scuola non può essere ridotta a una corsa a ostacoli. Ma è uno degli ambiti in cui è evidente che premiare il merito non implica un gioco a somma zero: dare buoni voti a chi se lo merita non toglie niente a nessuno. Istruire è il vero valore aggiunto della scuola e questo non viene sminuito se si riconosce il merito a chi ha risultati migliori. Dare buoni voti a chi se li merita, e non a tutti lo stesso voto, può servire come incentivo. Può anche servire per informare coloro che dovranno decidere a chi assegnare compiti lavorativi.

Secondo e ultimo pensiero: non sono entrato nel merito di "cosa" la scuola italiana debba insegnare. Ci sarebbe un intero volume da scrivere su questo tema poiché, mi sembra, per ora non stiamo formando persone con capacità che rispondano ai bisogni di un'economia moderna, soprattutto nelle materie scientifiche (quelle caratterizzate dall'acronimo STEM, dall'inglese Science, Technology, Engineering and Mathematics). Mi limito a insistere su un punto che mi sta particolarmente a cuore: l'educazione civica deve diventare un'essenziale componente della nostra pubblica istruzione. La si sta reintroducendo, ma in un modo del tutto insufficiente a formare cittadini consapevoli dei principi riconosciuti dalla nostra Costituzione.

La sanità

La salute fa parte delle condizioni minime che devono essere garantite a tutti per consentire il pieno sviluppo della persona umana. Si tratta, come dice l'articolo 32 della Costituzione, di un "fondamentale diritto dell'individuo". Cosa implica questo per l'organizzazione e le risorse del nostro Servizio sanitario nazionale? Bisogna considerare tre questioni principali, che riguardano il grado del decentramento nella gestione della sanità, il ruolo del privato nell'erogazione dei servizi sanitari e l'adeguatezza degli importi del finanziamento del Servizio sanitario nazionale.

Il nostro sistema sanitario è basato su tre principi. Il primo è che il totale delle risorse disponibili per la sanità è, in linea di massima, determinato a livello centrale dallo stato, e che tali risorse sono distribuite tra le regioni in base alla popolazione e alla struttura demografica. Il secondo è che le regioni hanno un elevato grado di autonomia nella gestione delle risorse (per esempio nel decidere quanto fare affidamento sugli ospedali rispetto agli ambulatori), purché mantengano certi standard nella fornitura dei servizi sanitari (i cosiddetti livelli essenziali di assistenza, o LEA, decisi a livello centrale). Terzo, se una regione spende troppo rispetto alle risorse stanziate, perché è inefficiente, deve risolvere il problema con le proprie risorse, e se non è in grado di farlo viene commissariata, con poteri speciali di gestione per il commissario. Quindi, centralizzazione nell'ammontare delle risorse, ma decentralizzazione nella loro gestione.

Questo sistema, nel suo complesso, ha dato risultati validi. La valutazione data dall'Ocse nella sua ampia rassegna condotta nel 2014, pur trovando diverse aree di necessario miglioramento, concludeva che: "Gli indicatori dei risultati, della qualità e della efficienza del sistema sanitario italiano sono uniformemente degni di nota ("*uniformely impressive*") [...]. L'aspettativa di vita è la quinta più alta nell'Ocse".[10] Insomma, ci si potrà lamentare, ma rispetto agli altri paesi la situazione non è poi così brutta. In media. Il problema sono le diversità regionali. L'emergenza Covid e, soprattutto, le difficoltà affrontate dalla Lombardia hanno messo in crisi il cliché secondo cui tutto il Nord ha una sanità di migliore qualità in tutte le aree rispetto al Sud. Ma, in ogni caso, le differenze tra regioni restano, e molti hanno suggerito che sarebbe appropriato un ritorno a un sistema gestito interamente dal centro. Mi sembra un giudizio un po' frettoloso. Perché dovremmo pensare che un sistema accentrato riesca ad alzare la qualità media (comunque elevata, come abbiamo visto) verso la qualità delle regioni migliori, piuttosto che portare a un livellamento verso il basso? I problemi di inadeguatezza del sistema sanitario a livello regionale dovrebbero essere risolti capendo perché, a quel livello, la sanità in certi casi è stata male amministrata, non andando a togliere autonomia di gestione alle regioni dove la sanità funziona meglio. Insomma, se per esempio in Calabria esistono problemi seri, perché non si possono risolvere lasciandone comunque la gestione a livello locale? Certo, se si fanno errori nella nomina degli eventuali commissari (quanto successo nel novembre del 2020 proprio nella nomina del commissario calabrese è emblematico), allora non ci si deve stupire se i problemi non si risolvono. Ma questo è il riflesso di nomine clientelari, non basate sul merito, e non dovrebbe mettere in dubbio l'approccio fin qui seguito nella sanità che combina centralizzazione nella decisione sulle risorse disponibili e decentralizzazione nella loro gestione.

Tornerò sull'argomento del rapporto tra stato e regioni tra poche pagine, parlando dell'uguaglianza di possibilità tra regioni. Per il momento restiamo sulla sanità, passando alla seconda questione sopracitata: il ruolo del privato nella gestione della sanità. Anche qui la discussione è stata riaccesa dai recenti sviluppi e, in particolare, dall'emergenza Covid in Lombardia. Si è sostenuto che la regione negli anni si sia affidata troppo alle cliniche private, che tendono a sviluppare servizi a maggiore margine di profitto piuttosto che servizi sanitari che servono davvero. Mi sembra però che, in quest'ambito, ci si faccia guidare troppo da pregiudizi ideologici. La sanità lombarda pone sullo stesso piano erogatori pubblici e privati, ma il sistema di copertura sanitaria rimane universale: tutti i cittadini hanno la possibilità di accedere alle strutture pubbliche o private e restano "coperti", con costi uguali indipendentemente che si rivolgano al pubblico o al privato.[11] Non vedo un chiaro motivo per cui una concorrenza tra pubblico e privato nella fornitura di servizi sanitari sia problematica. E, come abbiamo visto nel primo capitolo, i diversi risultati nella gestione della crisi Covid tra Lombardia e Veneto

– peraltro attenuatisi dopo la "seconda ondata" che ha colpito più duramente quest'ultimo – non possono certo essere attribuiti a diverse tendenze, per esempio, nella disponibilità di letti, di terapie intensive, di medici, di infermieri, tra le due regioni. La gestione differente della crisi, inadeguata certamente in Lombardia, riflette errori degli amministratori piuttosto che differenze nella struttura pubblica o privata del sistema sanitario. Cerchiamo quindi, in un settore così delicato come la sanità, di evitare guerre di religione per cui le forniture sanitarie dovrebbero provenire interamente dal privato o interamente da strutture pubbliche. Peraltro, io dovrei avere una preferenza per queste ultime: mio papà ha dedicato tutta la sua vita lavorativa all'Ospedale di Cremona, essendone anche stato per molti anni Segretario generale, cioè responsabile per l'amministrazione. Ma non mi lascio mai influenzare da vicende personali...

Terza e ultima questione: quanto deve investire lo stato nella sanità? Nel primo capitolo abbiamo esaminato l'andamento della spesa sanitaria. Dovrebbe essere chiaro a tutti che è prioritario aumentarla, indipendentemente dalla crisi Covid. Il rapporto tra spesa sanitaria e Pil era nel 2019 troppo basso, occorrerebbe aumentarlo in modo significativo portandolo almeno al 7-8 per cento. E fin qui siamo nell'ambito del politicamente corretto. Ma, siccome la ricerca della popolarità non è tra i miei sport preferiti, affianco questa prescrizione a due chiarimenti.

Il primo è che occorre davvero iniziare il cammino verso l'adozione di costi standard per la determinazione del totale delle risorse che lo stato mette nella sanità. Insomma, se ci sono regioni che riescono a produrre servizi sanitari di alta qualità a un certo costo, non si può accettare che altre producano servizi uguali o inferiori a un costo più elevato. I risparmi così ottenuti si possono poi utilizzare per migliorare la qualità dei servizi per tutti.

Il secondo riguarda il finanziamento della spesa sanitaria. Si è diffusa la tendenza a pensare che l'uso dei ticket (ossia di una compartecipazione del cittadino alla copertura del costo del servizio sanitario fornito) sia inappropriato, addirittura incostituzionale. Il ministro della sanità Roberto Speranza si è fatto, per esempio, promotore della cancellazione del cosiddetto "superticket", a un costo annuale di circa mezzo miliardo l'anno.[12] La sua motivazione: "La priorità è la lotta alle disuguaglianze, a partire dalla possibilità per tutti di accedere a cure di qualità".[13] Il superticket, però, comportava una compartecipazione alla spesa sanitaria solo per i cittadini con un reddito più elevato. Il gettito dei ticket, di tutti i ticket, è comunque modesto: meno di 3 miliardi nel 2018, un po' più del 2 e mezzo per cento della spesa sanitaria. Ora si è ridotto al 2 per cento. La sanità pubblica è quindi sostanzialmente gratis per tutti, anche per chi si potrebbe permettere di contribuire alla copertura dei costi perché ha un reddito alto. Fra l'altro, le spese mediche personali sono detraibili, entro un limite, dalle tasse che i cittadini devono pagare. Perché allora abolire il superticket? Perché non mantenere un minimo di compartecipazione per chi se lo può permettere al fine di evitare, magari, un eccesso nel consumo di prodotti farmaceutici, che sono quelli per cui vengono richieste le compartecipazioni? In nome di cosa? Di quello che dice la Costituzione? Rileggiamo allora l'articolo 32: "La Repubblica tutela la salute come fondamentale diritto dell'individuo e interesse della collettività, e garantisce cure gratuite agli indigenti".

Agli indigenti... Credo sarebbe giusto invece un maggior grado di solidarietà in quest'ambito chiedendo, a chi se lo può permettere, di contribuire a coprire il costo dei servizi sanitari pubblici utilizzati. Questo permetterebbe di avere più risorse per fornire migliori servizi sanitari a chi è davvero in difficoltà.[14]

Le disabilità

Scusatemi, non riesco a usare l'espressione "diversamente abili". Non è con queste sfumature che si risolvono i problemi, bensì garantendo una vera uguaglianza di possibilità ai disabili, attraverso adeguati stanziamenti di bilancio e una valorizzazione del loro lavoro. È anche una questione culturale e di rispetto della persona.

L'uguaglianza di possibilità richiede di rimuovere gli impedimenti causati da disabilità. Servono fondi adeguati. Ma è anche necessario punire severamente chi abusa dei sussidi per i disabili perché sottrae risorse a chi ne ha davvero bisogno. E non c'è dubbio che di abusi ce ne siano ancora tanti, come evidenziato dalle differenze tra il numero delle pensioni di invalidità ogni 100.000 abitanti tra le diverse regioni d'Italia.[15] Nel 2017, rispetto alla sua popolazione, la Calabria (la regione con maggiori pensioni di invalidità) aveva più del doppio di pensioni dell'Emilia-Romagna, la regione con il numero minore. La Basilicata, quella con meno pensioni di invalidità al Sud, ne aveva comunque il 50 per cento più dell'Emilia-Romagna (e di Veneto, Lombardia e Piemonte, che non si discostavano troppo dall'Emilia-Romagna). Fra l'altro, il forte aumento delle pensioni di invalidità tra il 2014 e il 2017 avveniva proprio nelle regioni che già avevano un maggior numero di tali pensioni. Emerge da questi dati che nel Sud le pensioni di invalidità sono state erogate con maggiore generosità, forse per compensare le peggiori condizioni di occupazione rispetto al Nord. Ma l'esistenza di tali condizioni richiede di investire per migliorare le possibilità di occupazione nel Sud, non di fornire sussidi a vita che scoraggino nel cercare lavoro chi disabile non è.

Uguaglianza di possibilità tra generazioni: la sostenibilità ambientale

Finora ho descritto il concetto di uguaglianza di possibilità intendendola come intragenerazionale, cioè all'interno della stessa generazione. Ma l'uguaglianza di possibilità può riguardare anche generazioni diverse, per esempio tra chi oggi è giovane e chi è anziano. Questo concetto di uguaglianza intergenerazionale non va confuso col primo.[16] Ma è altrettanto importante e, anzi, ne costituisce una naturale estensione. Le opportunità di chi nasce oggi dovrebbero essere le stesse, o quantomeno non inferiori (tenendo conto di un naturale progresso atteso dell'umanità), rispetto a quelle di chi è nato prima.

L'uguaglianza di possibilità intergenerazionale si riflette in diversi ambiti. Il più importante oggi e che ci riguarda a livello globale è quello della tutela ambientale e del riscaldamento climatico. Non possiamo lasciare alle generazioni future un pianeta distrutto. È ormai copiosa la documentazione dei disastri naturali che ci colpirebbero se continuasse un notevole accumulo di CO_2 nell'aria. La crescita quindi non può che essere "verde", ossia sostenibile dal punto di vista ambientale. Le politiche di tassazione e di spesa pubblica, in tutto il mondo, devono mirare a queste importantissime finalità. Gli investimenti pubblici verdi sono prioritari: la crescita sostenibile ha bisogno di investimenti per l'energia rinnovabile, di cura del territorio, di innovazione tecnologica e di sistemi di trasporto meno nocivi.

La necessità di un'economia verde è ormai riconosciuta, purtroppo spesso solo a parole, pressoché all'unanimità, eccezion fatta per qualche inguaribile negazionista. Coerentemente, il piano di finanziamenti europei per risollevare la crescita dopo la pandemia – chiamato non a caso Next Generation European Union – pone le iniziative verdi al centro del processo di crescita: almeno il 37 per cento dei finanziamenti deve andare a tali iniziative con l'obiettivo di ridurre le emissioni del 55 per cento entro il 2030 e portarle a zero entro il 2050 (con le restanti iniziative almeno neutrali). Il problema è che, nella pratica, si fa troppo poco, soprattutto al di fuori dell'Europa. E si fa troppo poco perché temo sia inevitabile che nel breve periodo si debba rinunciare a qualcosa per evitare che le generazioni future paghino a prezzo troppo elevato la nostra incuria. Nel lungo periodo, la tutela dell'ambiente è del tutto compatibile con la crescita. Anzi, se l'ambiente non viene tutelato non ci sarà più crescita perché non ci sarà più economia. Usando l'iperbole di Christine Lagarde, finiremmo tutti *"roasted, toasted, fried and grilled"*.[17] Non c'è dubbio che l'economia verrebbe alla fine danneggiata, e parecchio, se trascurassimo la tutela ambientale. Il problema è che, nell'immediato, adottare metodi di produzione che sono più rispettosi del pianeta comporta un costo, così come comporta un costo cambiare i nostri stili di vita (per esempio, camminando di più o andando di più in bicicletta!).[18]

La tassazione deve essere utilizzata per indirizzare i nostri metodi di produzione e di consumo verso un mondo più verde. La tassazione dei prodotti inquinanti fa in modo che imprese e famiglie tengano conto nei loro comportamenti di quelle che gli economisti chiamano "esternalità", e cioè dei danni che derivano dalle nostre attività ma che non sono riflessi nel sistema dei prezzi determinati dal mercato in assenza di tassazione. Anche i più liberali degli economisti vi direbbero che, di fronte a queste esternalità, è necessaria una tassazione correttiva, o "pigouviana", dal nome dell'economista inglese che ne teorizzò l'uso circa un secolo fa.

Nel caso del riscaldamento globale diventa allora essenziale collegare il livello di tassazione al grado di emissioni che una certa attività comporta, quella che viene chiamata "*carbon taxation*". Purtroppo, il divario fra ciò che si dice e ciò che si fa anche in tema di tassazione correttiva delle emissioni di CO_2 resta ampio.[19] Non soltanto alcuni paesi produttori vendono ai loro cittadini prodotti derivati dal petrolio al di sotto del costo di produzione (i sussidi veri e propri), ma la maggior parte dei paesi consumatori applica al consumo di energia "sporca" livelli di tassazione ben al di sotto di quelli che servirebbero di fronte alle esternalità ambientali. Tra i peggiori ci sono Stati Uniti, Giappone e Cina. In Europa, Italia inclusa, il livello di tassazione dell'energia è più elevato. Ma la tassazione non è legata alle emissioni di CO_2 e spendiamo ogni anno una ventina di miliardi per sussidiare le energie sporche.[20] Speriamo che le cose cambino, almeno negli Stati Uniti, con l'amministrazione Biden, dopo il negazionismo di quella precedente.

Un'ultima annotazione su questo tema. Se non si tutela l'ambiente, alla fine la crescita economica nel lungo periodo viene danneggiata. È bene però ricordare, soprattutto ai sostenitori della "decrescita felice", che è probabilmente vero anche il contrario. L'assenza di crescita economica rende più difficile tutelare l'ambiente. Il motivo è che, come ho detto, la tutela dell'ambiente richiede risorse. Non è quindi un caso che paesi poveri abbiano in generale un approccio del tutto inadeguato alla tutela dell'ambiente: quando hai poche risorse, sei costretto a spenderle tutte per i tuoi bisogni immediati, non per quelli delle generazioni future.[21]

Uguaglianza di possibilità tra generazioni: la sostenibilità finanziaria

Il tema dell'uguaglianza intergenerazionale riguarda anche i conti pubblici, soprattutto in Italia. Negli ultimi anni, forse per effetto del calo demografico che ha ridotto il numero degli elettori giovani rispetto a quelli anziani, le politiche economiche sono state di fatto orientate più a proteggere i secondi rispetto ai primi. Non è che gli anziani, in particolare i pensionati, siano diventati ricchi, ma sono stati più protetti dalle crisi economiche che ci hanno colpito negli ultimi vent'anni rispetto alle nuove generazioni. La povertà è infatti cresciuta soprattutto tra i giovani. Politiche come Quota 100 non hanno fatto che accentuare il problema: si è scelto di spendere di più per le fasce d'età più alta piuttosto che, per esempio, rafforzare la spesa per la pubblica istruzione. Qui la prescrizione in termini di politiche economiche è chiara: non solo Quota 100 non va rinnovata alla sua scadenza, ma, se si vorrà evitare il ritorno alla legge Fornero dando più flessibilità in uscita, questo dovrà avvenire in modo limitato e senza aggravi per le finanze pubbliche. In realtà, come Commissario per la revisione della spesa nel 2013-14 avevo avanzato due diverse proposte che avrebbero ridotto, al di sopra di una certa soglia, le pensioni già in essere: le risorse risparmiate sarebbero state usate per ridurre i contributi sociali per i nuovi assunti. Mi sembrava una proposta sensata, ma è stata rigettata dalla politica.

Ancora più generale è il problema del debito pubblico. Si sente spesso dire che l'uguaglianza intergenerazionale richiede di non lasciare il debito in eredità alle generazioni future. In realtà, occorre distinguere. Il debito pubblico detenuto da investitori esteri è effettivamente un debito della nazione nei confronti dell'estero: se lo passiamo alle generazioni future toccherà a loro pagarlo. Per la parte del debito pubblico detenuta da investitori italiani la situazione è diversa: si lascia in eredità il debito ma anche il credito, sotto forma di titoli di stato che, direttamente o tramite intermediari finanziari, passeranno alle generazioni future. Sussiste un problema di distribuzione (perché il debito pubblico ricade su tutti, mentre l'eredità dei titoli di stato va soltanto a qualcuno), ma per il totale degli italiani il debito interno netto è nullo.

C'è però un senso importante in cui, se non si riduce il debito pubblico, compreso quello interno, si lascia qualcosa di negativo per il futuro. Si lascia un'Italia esposta al rischio che deriva da un debito pubblico troppo elevato e da una sua subordinazione o ai capricci dei mercati finanziari, o agli sviluppi politici di altri paesi che possono influenzare i finanziamenti che ci arrivano dall'Europa. Lasciamo in eredità ai nostri figli un'Italia fragile per la nostra incapacità di prendere decisioni politicamente difficili. Per ridurre il rischio di crisi che colpiranno le generazioni future, il rapporto tra debito pubblico e Pil deve scendere (vedremo come nel capitolo seguente).

Un ultimo punto riguarda la crisi demografica. Inutile parlare di opportunità per le generazioni future se le generazioni future non ci sono. Serve una strategia di lungo termine per incentivare la natalità, e non interventi improvvisati o bonus che si susseguono di anno in anno. L'introduzione dell'assegno unico per i figli è stata una buona mossa per semplificare il sistema dei sostegni, aumentarne la stabilità e rafforzarne l'impatto. Ma l'esperienza internazionale mostra che sono ancora più incisive altre misure, soprattutto la disponibilità di asili nido. Noi siamo molto indietro in quest'ambito, come già notato.

Uguaglianza di possibilità per genere

Le enormi differenze economiche e sociali ancora esistenti in Italia quando si tratta di genere sono evidenti, si direbbe, a occhio nudo, soprattutto per chi come me abbia vissuto tanti anni negli Stati Uniti (dove peraltro importanti differenze ancora persistono). Ricordo un seminario a cui partecipai poche settimane dopo il mio secondo rientro in Italia dal Fondo monetario internazionale, nell'autunno 2017. Arrivo in anticipo. Ci sono solo un paio di persone sedute al tavolo. Mi metto a leggere e resto immerso nella lettura fin quasi all'inizio dell'evento. Poi alzo la testa e, a un tavolo intorno al quale erano seduti in trenta-trentacinque, trovo solo due donne. Non è certo stata l'ultima volta.

Un quadro meno aneddotico e più recente, ma ugualmente desolante, delle disparità di genere in Italia ci viene offerto dal cosiddetto "Bilancio di genere" per l'esercizio finanziario 2019 presentato a ottobre 2020.[22] Pur notando miglioramenti rispetto al passato, il Bilancio evidenzia come i divari di genere in Italia siano ancora pesanti, soprattutto nel mondo del lavoro, dove l'Italia è ultima fra i paesi dell'Unione Europea. Le differenze partono, come sempre, dall'opinione pubblica: per il 51 per cento degli intervistati "il ruolo primario della donna è occuparsi della cura della casa e dei figli". Tutti gli indicatori della partecipazione al mondo del lavoro puntano nella stessa direzione, con divari particolarmente forti al Sud. Per esempio, per l'intera Italia, il tasso di mancata partecipazione al mondo del lavoro è del 15,9 per cento per gli uomini e del 22,6 per le donne, un divario di 6,7 punti. Ma il divario è di 4,8 punti al Nord, di 5,3 punti al Centro e di 12,7 punti al Sud, dove il tasso di mancata partecipazione al mondo del lavoro è del 41,5 per cento per le donne. Nel 2019, su 297.002 congedi parentali, 233.646 (il 79 per cento) erano stati presi da donne. La percentuale di donne fra i sedici e i settant'anni che ha subìto violenza fisica o sessuale da un uomo nel corso della propria vita è superiore al 30 per cento. Il rapporto tra il dato degli uomini uccisi dal partner e il totale degli uomini uccisi è del 2,4 per cento. Il corrispondente rapporto nel caso delle donne è di quasi il 55 per cento. Le donne occupano solo l'11,8 per cento delle posizioni dirigenziali delle più grandi società quotate. La media nell'Unione Europea resta bassa, ma, al 18,6 per cento, è molto più alta di quella italiana. Il ventottesimo Rapporto sulle retribuzioni di ODM Consulting ci dice che, a parità di esperienza lavorativa, il differenziale di stipendio legato al genere è del 5,5 per cento tra i laureati e dell'8 per cento tra i non laureati, e che le donne guadagnano meno degli uomini fin dall'inizio della loro carriera.[23]

Potrei andare avanti, ma aggiungo solo una cosa. È probabile che l'emergenza Covid abbia peggiorato le cose, gravando in modo negativo sulla partecipazione al mondo del lavoro delle donne. In Italia, come all'estero, sembrerebbe che si siano persi più posti di lavoro per le donne che per gli uomini.[24]

Cosa si fa per rimediare a questa situazione? Poco. Il Bilancio di genere divide la spesa pubblica in tre componenti. La prima è quella che è neutrale rispetto al genere: nel 2019 era oltre l'83 per cento. La seconda è quella che è "sensibile al genere", ossia che potrebbe "avere effetti di genere indiretti (es. spese per la formazione del personale scolastico)": era sopra il 16 per cento. La terza, quella che è "destinata a ridurre le diseguaglianze di genere", era solo lo 0,3 per cento del totale.

Cosa si dovrebbe fare? Si può intervenire con "quote rosa", come in parte si sta facendo rispetto, per esempio, alla presenza nei consigli di amministrazione societari, cercando di curare gli effetti di una mancanza di opportunità. Non posso escludere che questo sia necessario come misura temporanea. Ma la via maestra è quella di eliminare le condizioni che creano diversità nelle opportunità.

Un ruolo fondamentale deve essere svolto dall'offerta in misura adeguata di asili nido. Ne ho già parlato in questo capitolo con riferimento alla necessità di offrire ai bambini un'uguaglianza di possibilità. I nidi e le scuole per l'infanzia sono essenziali anche per l'uguaglianza di genere visto che la responsabilità di curare i figli in loro assenza ricade di fatto sulle donne. Ma il problema va al di là degli asili nido. Attualmente, l'assistenza di familiari che ne hanno bisogno è ancora vista da molti come un compito riservato alle donne. Come conclude un recente rapporto della Commissione europea: "Un accesso insufficiente a servizi di assistenza formale di qualità a prezzi ragionevoli è uno dei principali fattori alla base della disparità di genere nel mercato del lavoro".[25] Misure in campo sociosanitario volte a migliorare l'assistenza sociale ad anziani e altre persone in difficoltà migliorano quindi le opportunità per le donne.

È importante anche il ruolo della tassazione. Al momento, le detrazioni Irpef per il coniuge a carico scoraggiano la partecipazione al mondo del lavoro da parte del secondo coniuge. Dovrebbero invece essere rimpiazzate da una più bassa tassazione a favore della seconda persona in una coppia che entra nel mondo del lavoro (di solito la donna).[26]

Ma non si può dimenticare l'aspetto culturale. Le differenze di genere in Italia riflettono, come rivelato dal sopracitato sondaggio tratto dal Bilancio di genere, pregiudizi e stereotipi ereditati dal passato. Per vincerli occorre affidarsi, *in primis*, alla pubblica istruzione. Anche in questo caso, l'educazione civica svolge un ruolo strategico e andrebbe potenziata ulteriormente (dopo la sua recente reintroduzione) per formare cittadini consapevoli. È una responsabilità quotidiana di ognuno di noi aiutare a superare i pregiudizi esistenti riguardo alle diversità di genere, come in ogni altro ambito.

Uguaglianza di opportunità tra regioni italiane

Non esiste attualmente un'uguaglianza di possibilità a livello regionale. Nascere al Sud o al Nord del paese offre occasioni molto diverse per il futuro dei nostri giovani. Questo è inaccettabile. Creare un'uguaglianza di possibilità in tutte le aree del paese è una priorità e richiede un'attenzione particolare.

Bello a dirsi, ma come? Il problema dei divari di reddito fra Nord e Sud (col Centro in posizione intermedia) ce lo portiamo dietro dalla fine del XIX secolo (al momento dell'Unità d'Italia il reddito del Sud era abbastanza vicino a quello del resto del paese). La prima cosa da fare è evitare sterili polemiche, anche recenti. Da un lato si sostiene esistano inaccettabili trasferimenti dal Nord al Sud. Dall'altro si dice che il Nord "scippa" al Sud 60 miliardi l'anno.[27] Chiariamo questo punto prima di addentrarci nel discorso sui possibili rimedi.

La cosa, in realtà, è abbastanza semplice. Le tasse in Italia si pagano sulla base del proprio reddito, e quindi il Nord, che ha redditi medi più elevati, in termini pro capite paga più tasse. Grosso modo, un cittadino del Centronord paga quasi il doppio delle tasse pagate da un cittadino del Sud.[28] La spesa è invece distribuita tendenzialmente in modo uguale, sempre pro capite, sul territorio nazionale (con qualche eccezione; vedi sotto). Ne segue che, a livello pro capite, il saldo tra tasse pagate e spesa pubblica di cui si beneficia (il cosiddetto "residuo fiscale") è sfavorevole per il Nord e favorevole per il Sud. Da qui la tesi secondo cui il Nord trasferirebbe risorse al Sud. Questo modo di porre la questione è però sbagliato, o perlomeno poco informativo, perché la situazione attuale non è frutto di un trasferimento dal Nord al Sud in quanto tale. Si tratta di un trasferimento da cittadini a reddito più alto a cittadini a reddito più basso. Fa parte della solidarietà che è essenziale all'interno di una stessa nazione. D'altro canto, chi afferma che esiste uno scippo del Nord nei confronti del Sud legge i dati in modo parziale. È una conclusione cui si arriva guardando solo al lato della spesa (e non delle tasse) e sostenendo che questa è più elevata pro capite per i cittadini del Nord. In realtà, a tale conclusione si arriva solo se si utilizzano i dati dei Conti pubblici territoriali elaborati dall'Agenzia per la coesione territoriale (che non sono coerenti con quelli di contabilità nazionale dell'Istat), se si includono le spese per pensioni (che sono più alte al Nord perché le retribuzioni e i contributi pagati sono stati più alti al Nord), se si includono le spese delle grandi imprese pubbliche che dovrebbero però operare sulla base di logiche di mercato, e se si ignorano le differenze nel costo della vita fra Nord e Sud (tali per cui un euro di spesa per trasferimenti e stipendi al Sud vale più di un euro al Nord).[29] Qui si potrebbe ribattere che i servizi pubblici al Sud sono però di qualità peggiore. E a questo si potrebbe ribattere che la concentrazione della produzione nella Pianura padana causa inquinamento e nessuno ricompensa i cittadini del Nord per l'aria "sporca". Eccetera eccetera. Insomma, non si finirebbe più.

Ciò detto, come risolvere il problema? Anche qui, l'idea dovrebbe essere quella di garantire un'uguaglianza di possibilità per gli individui e le imprese indipendentemente da dove nascono. Diverse azioni sopra discusse porterebbero a una maggiore uniformità di possibilità tra diverse aree del nostro paese, perché ne beneficerebbero soprattutto quelle in cui i problemi sono maggiori, come, in media, nel Meridione. Una sanità migliore porterebbe benefici più al Sud dove le carenze sono più ampie. Una presenza capillare di scuole per l'infanzia favorirebbe di più il Sud, dove la mancanza di asili è attualmente più acuta. Di una pubblica amministrazione che funzioni bene in tutt'Italia beneficerebbe di più il Sud, dove la lentezza della pubblica amministrazione nel fornire servizi alle imprese è maggiore (per esempio, in termini di durata dei processi civili). Ricordo, in proposito, che diversi studi dimostrano che la produttività delle imprese è molto influenzata da quella delle pubbliche amministrazioni nelle aree dove le prime operano.[30] Se quindi il divario tra qualità dei servizi pubblici offerti alle imprese nel Nord e nel Sud si riducesse, più imprese si localizzerebbero al Sud.

Si tende spesso a credere che portare l'investimento privato al Sud richieda sovvenzioni di vario tipo per compensare la minore produttività del lavoro. È per questo, per esempio, che il governo giallorosso ha tagliato i contributi sociali al Sud per un periodo di dieci anni, con una riduzione del costo del lavoro di circa il 7 per cento.[31] Anche in questo caso è però un po' come curare i sintomi invece che rimuovere la causa del problema. Se le imprese non investono al Sud perché la produttività del lavoro è bassa, la strada maestra è certo quella di rimuovere i fattori che frenano la produttività, tra cui la minore qualità della pubblica amministrazione. Al più, provvedimenti di detassazione possono essere visti come misure temporanee per procedere nel frattempo alla rimozione delle vere cause del problema. Peraltro la riduzione degli oneri sociali non è una misura nuova, essendo stata utilizzata, con scarsi risultati, dagli anni settanta al 1994, quando venne considerata incoerente col divieto degli aiuti di stato a livello europeo (e in effetti anche la fattibilità del recente provvedimento resta da verificare). In ogni caso, soluzioni-ponte non serviranno a molto se le cause del problema non vengono rimosse. C'è invece il rischio che alleviare i sintomi fornisca l'alibi per non agire come davvero servirebbe.

Una parentesi sul grado di decentramento nel nostro paese. In che misura la necessità di migliorare la qualità della pubblica amministrazione in tutto il paese si concilia con la richiesta, da parte di alcune regioni del Nord, di avere un maggiore decentramento nella gestione della spesa pubblica? Le richieste di Lombardia, Veneto e, in parte, Emilia-Romagna di sottrarre al controllo centrale alcune aree (tra queste la pubblica istruzione), come previsto dall'articolo 116, comma 3, della Costituzione, è finita nel dimenticatoio con la crisi Covid, ma prima o poi riemergerà. Tra le richieste di Lombardia e Veneto sembrava esserci anche la cessione permanente alle regioni di quella parte della base imponibile, ora centralizzata, che finanzia spese che sarebbero decentrate. Se così fosse, da quel momento in poi una maggiore crescita di reddito delle regioni del Nord favorirebbe tali regioni, in termini di gettito da tassazione, in misura maggiore rispetto al passato. Ma, anche in assenza di tale trasferimento (cosa che ritengo irrealistica in una nazione che deve rimanere unitaria), le regioni del Nord avrebbero un controllo più stretto sull'utilizzo delle risorse provenienti dal centro, proprio come accade già per la sanità. È coerente questo ulteriore decentramento della gestione della spesa con l'uguaglianza di possibilità tra le regioni? Sì, nella misura in cui esistano capacità gestionali uguali su tutto il territorio nazionale. Se così fosse, la decentralizzazione nella gestione dei servizi ne consentirebbe una maggiore aderenza alle necessità e alle preferenze dei vari territori. Ma nell'attuale situazione estendere ad altre aree il decentramento gestionale potrebbe portare nell'immediato a una più ampia divaricazione nella qualità dei servizi pubblici. Potrebbe quindi essere attuata solo se davvero si riuscisse a garantire, mediante controlli comunque dal centro, un'effettiva qualità dei servizi in tutte le regioni.

Per crescere il Sud ha inoltre bisogno di investimenti pubblici, che, anche in questo caso migliorando la qualità dei servizi (per esempio in termini di trasporti e connettività), possano attirare investimenti privati più numerosi. Negli ultimi anni gli investimenti pubblici sono stati distribuiti uniformemente sul territorio nazionale in termini pro capite. Questo però è stato ottenuto solo grazie agli stanziamenti europei per le aree meno sviluppate, che avrebbero dovuto invece essere aggiuntivi. È necessario quindi aumentare gli investimenti pubblici al Sud.

Qui però occorre sottolineare un punto: non conta solo la quantità, ma anche la qualità degli investimenti. Negli ultimi decenni, gli investimenti pubblici al Sud, rispetto al Pil della regione (elemento rilevante per valutarne l'impatto sulla crescita del Pil stesso) sono stati di gran lunga superiori a quelli del Centronord, senza che questo avesse un chiaro effetto nel colmare il divario di reddito fra le due aree, il che suggerisce che la qualità degli investimenti nel Sud non fosse del tutto appropriata.[32]

Un'ultima questione riguarda lo spazio per adeguare i livelli salariali alla produttività regionale, non attraverso le famigerate "gabbie salariali" degli anni cinquanta e sessanta, ma attraverso un maggior decentramento della contrattazione salariale a livello aziendale, da raggiungere con l'accordo delle parti sociali. Questo consentirebbe, al Sud come nel resto d'Italia, un migliore allineamento tra livelli salariali e produttività in nuovi posti di lavoro che ora non vengono creati per mancanza di adeguati investimenti privati. Ciò detto, la via maestra è quella di rimuovere gli impedimenti, *in primis* quelli che derivano dall'inadeguatezza della pubblica amministrazione, che frenano la crescita della produttività al Sud.

Concorrenza, contrasto ai gruppi di potere, lotta alla corruzione

Il principio dell'uguaglianza di possibilità ha un'implicazione fondamentale nel mondo delle imprese: significa consentire l'operare della concorrenza. Noi italiani abbiamo, in generale, una visione tendenzialmente negativa della concorrenza, mi sembra. La vediamo come una lotta sanguinosa che porta solo disoccupazione e perdita di reddito. La concorrenza viene vista come lo strumento con cui, per esempio, le grandi imprese eliminano le piccole, i pescecani mangiano i pesci piccoli, la grande distribuzione fa chiudere i negozi. Vediamo la concorrenza come *dumping*, come trionfo del produttore che attira per un po' il consumatore con prezzi bassi per poi ingannarlo in un modo o nell'altro.

Be', è proprio il contrario. La concorrenza, quella vera, è l'elemento che impedisce il dominio dei monopoli, elimina le rendite di posizione e riduce i profitti a favore dei consumatori. La concorrenza consente alle imprese più virtuose di prevalere su quelle inefficienti e di produrre beni e servizi a prezzi più bassi. Insomma, se non avessimo la concorrenza, e la possibilità per le imprese migliori di fare pressione su quelle peggiori, avremmo un'economia dominata da accordi tra imprese per non darsi fastidio tra di loro e vivere di rendita a spese dei clienti. Chi ci perderebbe saremmo tutti noi che acquisteremmo beni di qualità inferiore e a prezzi più alti. E, in effetti, questa è la realtà in certi settori per effetto di sistemi di licenza e altri impedimenti che, di fatto, limitano la concorrenza.

Una vera concorrenza è essenziale per la nostra economia, per stimolare l'efficienza ed evitare l'accumulo di profitti ingiustificati a danno delle famiglie e anche delle stesse imprese. Dobbiamo quindi sostenere le attività della Commissione europea in quest'ambito, invece di fare di tutto per ritardare l'applicazione delle sue direttive. Per alcuni anni sembrava che avessimo preso la questione un po' più sul serio. Nel 2009 l'Italia ha introdotto l'obbligo di avere ogni anno una legge per il mercato e la concorrenza.[33] Ma le cose non sono poi andate molto bene. Come ci dice il sito del ministero dello Sviluppo economico: "Il 20 febbraio 2015 il Consiglio dei Ministri ha presentato il primo disegno di legge annuale per il mercato e la concorrenza, rispettando un obbligo introdotto nel 2009. La norma è stata trasmessa alla Camera dei Deputati in data 3 aprile 2015, approvata in prima lettura dalla Camera il 7 ottobre 2015 e dal Senato il 3 maggio 2017. Dopo un ulteriore passaggio alla Camera dei Deputati, è stata approvata definitivamente dal Senato della Repubblica in data 2 agosto 2017". Alleluia! Questo è quello che ha prodotto il presunto turboliberismo, neoliberismo o ordoliberismo degli ultimi anni. Una singola legge, peraltro molto annacquata rispetto alle proposte iniziali (che già non erano rivoluzionarie), e comunque non ancora del tutto attuata. E oggi non ne parla più nessuno.

In realtà abbiamo un'Autorità garante della concorrenza e del mercato (Agcm) che, data la legislazione in vigore, fa quello che può. Esiste dal 1990. Ha avuto sei presidenti, tutti giuristi, il che la dice lunga su come venga interpretata l'idea di mercato e di concorrenza in Italia. Ogni anno redige una relazione, anche ben fatta, ma senza una volontà politica non può promuovere e garantire molto.

L'uguaglianza di possibilità tra le imprese richiede un maggiore spazio per la concorrenza, soprattutto nel settore dei servizi. Richiede anche la riduzione di sussidi diretti e trattamenti speciali di cui beneficiano specifici gruppi di imprese o settori di attività economica. Anche in questo caso non mi sembra si siano verificati grandi cambiamenti negli ultimi anni. Anzi, stiamo andando nella direzione opposta. L'ultima relazione dell'Agcm sottolinea che la legge di Bilancio per il 2019 ha favorito Poste Italiane S.p.A. nei piccoli comuni, ha prorogato di quindici anni le concessioni demaniali a carattere turistico-ricreativo (spiagge concesse a canoni di locazione ridicoli) e ha escluso parte del commercio al dettaglio dall'applicazione di certe normative europee a favore della concorrenza, mentre quella per il 2020 nota che si sono introdotte alcune restrizioni in settori quali farmacie e tabaccherie. Senza contare il decreto Semplificazioni (vedi capitolo 7) che, per semplificare il codice appalti, ha di fatto ridotto la concorrenza nel settore degli appalti pubblici.

Quindi ci vorrebbero più concorrenza e più liberalizzazioni. Nel dirlo mi rendo conto anche di una precisa necessità: servono ragionevoli periodi di aggiustamento in presenza di liberalizzazioni per tutelare le categorie interessate. Ma la tendenza deve essere chiara. È opportuno in particolare rimuovere i vincoli alla concorrenza nei mercati dei beni e dei servizi. Il mercato del lavoro ha già un notevole livello di flessibilità (anche se vincoli non molto utili sono stati introdotti dal cosiddetto decreto Dignità).

Due ultimi spunti di riflessione sulla concorrenza e l'uguaglianza di possibilità tra imprese, prima di passare ad approfondire il ruolo delle imprese pubbliche. Il primo riguarda la lotta alla corruzione. L'uguaglianza di possibilità richiede una lotta alla corruzione in quanto distorce la concorrenza tra imprese: queste devono fare profitti perché sono efficienti, non perché corrompono. Qui la questione più importante è trovare il giusto equilibrio tra controlli *ex ante* a tappeto (cioè, per esempio, quelli che avvengono prima e durante un appalto pubblico), che aumentano la burocrazia, e controlli *ex post* a campione. Servono entrambi, ma credo che al momento siamo un po' troppo sbilanciati sulle procedure *ex ante*, più burocratiche. Il problema è che per passare ai controlli *ex post* occorre essere in grado, poi, di punire rapidamente chi sgarra. Questo richiede una giustizia civile più rapida di quella che abbiamo ora. Inutile agire aumentando le pene (il decreto Spazzacorrotti del governo gialloverde avrebbe potuto anche essere più severo), se poi i processi non si completano per prescrizione. Da qui, ancora una volta, l'assoluta necessità di accelerare i tempi della giustizia, in tutti i suoi comparti, compreso il penale. Se ci si riuscisse, allora potremmo a cuor più leggero ridurre i controlli *ex ante*. In ogni caso credo che l'azione dell'Anac (l'Agenzia nazionale anticorruzione) vada resa più snella, senza comunque minarne la credibilità.

Il secondo spunto riguarda il commercio internazionale. Qui, qualunque cosa dica mi faccio dei nemici, ma lo dico lo stesso. In un mondo ideale, i principi di concorrenza richiederebbero di rimuovere ogni barriera al commercio internazionale (e qui un po' di nemici da un lato me li sono fatti). In pratica (e qui mi faccio nemici dall'altro lato), una completa liberalizzazione rispetto a paesi con standard di tutela del lavoro, dell'ambiente, della democrazia diversi da quelli europei (se vi viene in mente la Cina non è un caso) non comporta una vera parità di opportunità. Occorre quindi spingere, nel contribuire alla formazione di una posizione europea in quest'ambito, alla riduzione delle barriere al commercio con paesi a noi simili, usando invece maggiore cautela nel liberalizzare gli scambi con altri paesi.

Ah, un *post scriptum* non irrilevante: le rendite di posizione, le lobby, i poteri monopolistici vanno combattuti a tutti i livelli, compresi gli oligopoli internazionali che rappresentano una seria minaccia all'operare dei meccanismi di mercato. Finora solo l'Unione Europea ha cercato di contrastare queste grandi compagnie, in gran parte americane, attirando l'ira e le minacce della presidenza Trump (basti pensare alle difficoltà che ha incontrato l'introduzione di una *web tax* europea). Le autorità anti-monopolio americane sembrano ora intenzionate a muoversi in questa direzione più del passato. All'inizio del XX secolo (a partire dallo Sherman Antitrust Act del 1890) le autorità americane furono in grado di ridurre il potere dei colossi del petrolio. Impegnarsi contro i nuovi monopoli della tecnologia è ancora più complesso, ma essenziale.

Un ruolo "strategico" per le imprese pubbliche?

Parlando di concorrenza, un discorso particolare riguarda il ruolo delle imprese pubbliche. In linea di principio, l'uguaglianza di possibilità per le imprese e una vera concorrenza richiedono che il settore pubblico si astenga da attività imprenditoriali in assenza di chiari "fallimenti del mercato", ossia di casi in cui il meccanismo di mercato, in presenza di sole imprese private, non produca un risultato efficiente dal punto di vista economico e sociale. Il motivo è semplice: è probabile che imprese pubbliche, supportate potenzialmente dalla forza dello stato, abbiano un vantaggio rispetto alle altre imprese, violando il principio delle pari condizioni per competere. C'è un altro problema: la fusione del potere politico con quello economico costituisce un rischio, in termini del normale funzionamento del meccanismo politico. Seri problemi di corruzione nelle partecipazioni statali emersero durante Tangentopoli e portarono al referendum del 1993 con cui il 91 per cento degli italiani si espresse a favore dell'abolizione del ministero delle Partecipazioni statali. Tutto questo porterebbe a dire che, semmai, occorrerebbe riprendere i processi di privatizzazione quasi interrotti da una ventina d'anni (dopo l'ondata di privatizzazioni degli anni novanta), in casi in cui la presenza del pubblico non sia chiaramente giustificata.

Si dice spesso che in altri paesi come Francia e Germania le imprese pubbliche hanno un maggiore ruolo strategico nella gestione dell'economia. Effettivamente, dati Eurostat ci dicono che il rapporto tra valore delle partecipazioni del settore pubblico in imprese e Pil è molto più elevato in quei due paesi che in Italia. Ma questo è ovvio perché il peso delle piccole e medie imprese nel Pil è più elevato da noi che in Francia e Germania. Se però guardiamo al settore delle grandi imprese (per esempio le maggiori cinquanta), cioè quelle che davvero dovrebbero svolgere un ruolo strategico, ci accorgiamo che il numero di imprese pubbliche in Italia è più o meno uguale, già ora, a quello esistente in Francia e Germania, e rappresenta il 34 per cento dell'occupazione, sempre rispetto a quella delle prime cinquanta imprese.[34]

Gli ultimi vent'anni sono stati poi caratterizzati da un'impennata del capitalismo degli enti locali, con l'aumento a dismisura delle aziende municipalizzate o regionalizzate, quelle che gli attuali sostenitori di un maggior ruolo delle imprese pubbliche chiamavano una volta "poltronifici". La riforma Madia del 2015 ne comportava la riduzione, ma in pratica i suoi effetti sono stati sospesi da successivi atti legislativi, tra cui la legge di Bilancio per il 2019.

Guardando avanti, la crisi Covid ha portato a una richiesta, da più parti, di un più intenso ruolo dello stato e degli enti pubblici in generale come imprenditori. Ma ha senso in questo momento? Per rispondere, occorre distinguere il breve dal lungo periodo.

Nel mezzo di una crisi non c'è nulla di strano se lo stato (oltre a fornire sostegno con le politiche macroeconomiche all'economia) diventa proprietario di alcune imprese di particolare importanza. Dopotutto, se usa soldi pubblici per sostenere imprese, non dovrebbe diventarne anche in parte proprietario? È avvenuto persino negli Stati Uniti nel 2008-09, quando l'industria bancaria e parte di quella automobilistica vennero di fatto "nazionalizzate". Allo stesso modo è normale che, sempre in periodo di crisi, vengano forniti sussidi di diverso tipo a carico dello stato a favore di certi settori anche quando questo viola principi puristici di concorrenza e mercato. Non per altro, durante la crisi Covid, la parte della Commissione europea che si occupa di concorrenza ha introdotto norme molto più morbide per regolare gli aiuti di stato (di fatto, tutte le proposte presentate dagli stati sono state autorizzate).

Questione diversa è cosa succederà quando la situazione economica si sarà normalizzata. Non mi è infatti chiaro perché la crisi Covid dovrebbe aver comportato la necessità di un maggiore ruolo per lo stato imprenditore di quanto fosse in passato. Cosa c'entra questo con la crisi che stiamo affrontando? Certo, c'è una necessità di ripresa e di ritorno a una crescita che non abbiamo avuto in vent'anni. E sono il primo a riconoscere che le imprese pubbliche nel dopoguerra svolsero un ruolo importante nel "miracolo economico" italiano. Ma il mondo è cambiato: non si tratta di passare da un'economia ancora in gran parte basata sull'agricoltura a una basata sull'industria. Riservare un più ampio ruolo delle imprese pubbliche nel medio e lungo termine, anche alla luce dei problemi di *governance* sopra richiamati, non mi sembra ovvio. E poi, non vedo tanti Enrico Mattei in giro...

C'è un altro problema, forse quello decisivo. Abbiamo uno stato che ha qualche difficoltà a fornire una pubblica istruzione adeguata, una sanità che funzioni bene in tutte le regioni, una giustizia rapida, una pubblica amministrazione priva di corruzione e, mettiamoci pure questo, strade senza buche e treni locali che arrivino in orario. Penso che queste siano le vere priorità del nostro settore pubblico piuttosto che occuparsi, al di là dell'emergenza, di gestire linee aeree, produrre acciaio o di altre simili attività. Quindi, credo che lo stato dopo essere entrato, se necessario, come proprietario temporaneo di imprese durante la crisi, debba poi uscirne, non avendo un vantaggio comparato nel gestirle rispetto al settore privato.

Invece sembra proprio che ci si voglia muovere verso un maggiore ruolo dello stato come imprenditore, anche oltre la crisi. La Cassa depositi e prestiti è stata dotata di un patrimonio separato (denominato "patrimonio rilancio"), del valore di 44 miliardi, che avrà la possibilità di impiegare a sostegno delle imprese, anche entrando nel loro capitale. Si tratta di una cifra ingente che potrà essere integrata da risorse ricavate dall'emissione di obbligazioni (fra l'altro per importi in deroga a quelli che si applicano normalmente alle imprese). La legge che istituisce questo patrimonio separato prevede che esso cessi la sua attività dopo dodici anni (non proprio dietro l'angolo) ma che la sua durata possa essere estesa "con delibera del consiglio di amministrazione di CDP S.p.A., su richiesta del Ministero dell'economia e delle finanze". Quindi senza neppure tornare in parlamento. Rinascerà l'Iri?

Tassazione, solidarietà e ridistribuzione

Che caratteristiche dovrebbe avere la tassazione se la società italiana fosse ispirata all'uguaglianza di possibilità e al merito? Ci sono da discutere almeno tre questioni fondamentali.

La prima riguarda la misura in cui la distribuzione del reddito, come determinato da meccanismi di mercato ispirati al principio del merito, debba essere in pratica rivista attraverso una tassazione progressiva per tener conto della necessità di introdurre un certo grado di solidarietà e ridistribuzione. Una tassazione completamente piatta, o quasi, come proposto in Italia dal centro-destra alle ultime elezioni non consentirebbe una significativa ridistribuzione, nel senso che lascerebbe pressoché immutata la distribuzione del reddito prima e dopo la tassazione (a meno di aggiustamenti sul lato della spesa, naturalmente).[35] Ritengo invece che, per i motivi spiegati nel capitolo precedente, una tassazione progressiva sia del tutto giustificabile anche in una società ispirata ai principi di uguaglianza di possibilità e di premio al merito. Ma quanta ridistribuzione sarebbe appropriata? Un criterio che può essere seguito in prima approssimazione è quello di evitare che l'azione ridistributiva porti a una pesante distorsione dell'attività economica, scoraggiando a lavorare (perlomeno a lavorare in Italia) i percettori di redditi relativamente più elevati. In proposito, un lavoro del Fondo monetario internazionale di un paio di anni fa ha concluso che un aumento della progressività partendo dall'attuale livello prevalente nei paesi avanzati probabilmente non comporterebbe una significativa perdita di efficienza economica, fatto invece probabile con livelli di ridistribuzione simili a quelli prevalenti nel Regno Unito o in Svezia negli anni sessanta e settanta con aliquote marginali di tassazione sui redditi vicino al 100 per cento.[36] Rispetto all'Italia, i cui livelli di tassazione marginale per i redditi più alti (mi riferisco all'imposta sul reddito delle persone fisiche o Irpef) si collocano intorno ai livelli considerati dal Fondo monetario internazionale, ciò significa che un po' più di progressività non sarebbe certo un dramma. Ma, ad ogni modo, non cambierebbe molto: sarebbe più che altro un gesto simbolico. Tutto sommato, il livello di progressività della nostra Irpef mi sembra abbastanza adeguato. Credo però, come ho detto, che ci sia spazio, per chi ha un reddito elevato, per contribuire maggiormente alla copertura delle spese attraverso il pagamento di ticket. È anche imperativo ridurre drasticamente l'evasione fiscale, che consente a tanti "ricchi" di non pagare quanto sarebbe dovuto. Non si può avere uguaglianza di possibilità, non si può premiare il merito se ciò che resta in tasca alle persone dopo aver pagato le tasse è diverso, a parità di reddito e di merito, perché c'è qualche furbo che le tasse non le paga. L'evasione fiscale distorce anche i meccanismi economici premiando non i migliori ma i disonesti. Per colpa loro le tasse che gli altri devono pagare sono più alte. Non rubano allo stato; rubano a quelli che le tasse le pagano.[37]

La seconda questione da considerare riguarda lo spazio che deve avere la tassazione della ricchezza ereditata o ricevuta in regalo, ossia di quella che arriva senza alcuna relazione con le proprie abilità e col proprio merito. L'idea che sia giusto tassare in modo significativo la ricchezza ereditata trova sostenitori anche nei più accesi liberisti. Nel saggio citato, Luigi Einaudi (seppure "a mero scopo di esemplificazione") descrive una tassa sull'eredità che, al di là di una certa soglia di esenzione, cresca fino al 10 per cento per coniuge e figli e al 20 per cento per altri parenti (senza una quota di esenzione). Propone inoltre che quanto viene trasmesso alla generazione successiva, dopo il primo passaggio, sia tassato al 30 per cento senza esenzione, con un altro terzo dell'importo originario per la generazione successiva. Sicché, dopo tre generazioni "tutto sarebbe trasmesso all'ente pubblico" (pp. 213-214 del volume che include il saggio).

Più di recente, e più a sinistra, Fabrizio Barca e Patrizia Luongo nel libro *Un futuro più giusto* (il Mulino, Bologna 2020) hanno proposto un'imposta progressiva "sui vantaggi ricevuti, a valere sulla somma di tutte le eredità e donazioni ricevute nell'arco della vita da chiunque, senza meccanismi di esenzione" (p. 253). La soglia di esenzione sarebbe di mezzo milione, al di sopra del quale l'aliquota marginale sarebbe del 5 per cento fino al milione, del 25 per cento tra 1 e 5 milioni, per poi salire al 50 per cento oltre i 5 milioni. Rispetto alla proposta einaudiana sarebbe quindi inizialmente più pesante ma non prevedrebbe aumenti di aliquote per i secondi e i terzi passaggi generazionali.

Anche alcuni tra i più noti miliardari americani si sono espressi in favore delle tasse sull'eredità. Warren Buffett ha dichiarato per esempio che sarebbe stato un errore abolire la tassa sull'eredità, come proposto dal Partito repubblicano negli Stati Uniti, affermando fra l'altro: "Non credo che la 'squadra olimpica' tra vent'anni dovrebbe essere composta dai figli maggiori della squadra olimpica di oggi". E Bill Gates, sempre rispetto alla stessa proposta, ha dichiarato in un'audizione al Congresso statunitense che "senza la tassa [sull'eredità] gli Stati Uniti diventerebbero alla fine una aristocrazia di ricchezza che non ha nulla a che fare col merito".

L'idea di tassare le eredità è quindi ampiamente condivisa da pensatori sia liberali sia di tendenza socialista, e pure da qualche miliardario. Ma nel nostro paese prevale un'avversione a una tassa che viene da tanti percepita come una "tassa sulla morte". Il confronto internazionale ci dice però che, con un'aliquota del 4 per cento (per il passaggio della ricchezza da genitori a figli) e una soglia di esenzione di un milione di euro, la tassa sull'eredità in Italia comporta un gettito rispetto al Pil (allo 0,05 per cento) che è più basso che in Belgio, Danimarca, Finlandia, Francia, Germania, Irlanda, Giappone, Lussemburgo, Olanda, Spagna, Svizzera, Stati Uniti, Regno Unito e Corea del Sud. In Francia il gettito è tredici volte più grande che in Italia (grazie a un'aliquota che può eccedere il 50 per cento).[38] Mi sembra quindi che ci sia spazio per un aumento significativo di questa tassa, utilizzando il recupero di gettito, per esempio, per ridurre la tassazione del reddito prodotto.

La terza questione da considerare riguarda la possibilità di una tassa negativa (cioè di una donazione dello stato) per dare a tutti una consistente dotazione di risorse (un'"eredità di cittadinanza") con cui i giovani potrebbero finanziare i propri progetti, il proprio futuro. Anche una proposta di questo tipo è stata avanzata da Barca e Luongo. Nella loro visione "al compimento dei 18 anni ogni ragazza e ragazzo riceverebbe un'eredità che valutiamo debba essere pari a 15 mila euro. Il trasferimento è *non condizionato*, ossia non vincolato nell'uso, perché l'obiettivo è proprio quello di assicurare ai giovani l'opportunità di poter scegliere il proprio percorso di vita liberamente: ogni lista di condizioni appare discutibile e comunque tale da negare questo obiettivo". Insomma, si tratterebbe di un superbonus (trenta volte quello di 500 euro introdotto per i diciottenni dal Governo Renzi) non vincolato (quello di Renzi è legato all'acquisto di libri e altri prodotti culturali). Il costo stimato dagli autori sarebbe di 8,5-9 miliardi, inizialmente (poi scenderebbe, visto l'assottigliarsi delle nuove coorti a causa della crisi demografica).

Rispetto a questa proposta, sono un po' perplesso. Non totalmente contrario, ma perlomeno non del tutto convinto. È chiaro, secondo me, che 15.000 euro non sono davvero quello che serve per livellare le opportunità.[39] Serve piuttosto una pubblica istruzione solida che consenta a tutti, se lo intendono, di proseguire con gli studi universitari e postuniversitari; strumenti finanziari che agevolino l'accesso al credito ai giovani che hanno buone idee e intendono intraprendere un'attività imprenditoriale; e così via, con le politiche volte alle opportunità descritte in questo capitolo. Sono certo che anche Barca e Luongo siano a favore di tali politiche. Ma, se è così, perché aggiungere un regalo di 15.000 euro a tutti, inclusi peraltro i figli dei più ricchi? E se ci fosse una disponibilità aggiuntiva, rispetto a quello che serve per migliorare la pubblica istruzione, la sanità, l'accesso al credito, invece di spendere 9 miliardi per un'eredità universale, non sarebbe meglio utilizzare quelle somme, per esempio, per ridurre le tasse sui redditi da lavoro più bassi, come obietta Sandro Brusco?[40] E il mancato vincolo nell'uso, non comporterebbe un forte rischio che i soldi, ricevuti non per merito ma piovuti dal cielo, vengano sprecati, almeno da chi (venendo da una famiglia abbiente) potrebbe non averne bisogno? La cosa forse avrebbe una maggiore motivazione se la tassazione sull'eredità fosse del 100 per cento, ma non è questo che gli autori propongono.[41]

Forse mi sembra semplicemente inappropriato, in un mondo in cui l'enfasi è sul merito (cosa che, come ho sottolineato più volte, per me va considerata parte integrante di un'economia basata sull'uguaglianza di possibilità), partire col regalare 15.000 euro senza nessuna condizione (se non quella di un "servizio abilitante" che per Barca e Luongo servirebbe a "favorire l'uso consapevole" dell'eredità universale). Si potrebbe obiettare che chi nasce da famiglie minimamente benestanti riceve comunque un aiuto dai genitori. Ma, a parte il fatto che la proposta di aumentare la tassazione delle eredità serve proprio a ridurre gli importi che non sono stati guadagnati, non credo che tutte le ragazze e tutti i ragazzi ricevano di norma dai propri genitori 15.000 euro non vincolati al compimento dei diciotto anni. Aiuti in natura, magari sì, ma non un regalo di 15.000 euro senza condizioni sull'uso. A me, perlomeno, non è successo.

L'idea di un'eredità universale (di un'eredità "di cittadinanza") non è certo nuova. Ipotesi simili sono state avanzate dagli economisti Anthony Atkinson e, in precedenza, James Meade (premio Nobel per l'Economia). Nel Regno Unito esiste un'organizzazione che la propone da tempo, come caratteristica di una "democrazia capitalista liberale".[42] Non credo abbia però trovato una concreta applicazione, almeno per ora. Come minimo dovrebbe perciò essere introdotta su base sperimentale, per un gruppo limitato di giovani, per vederne i risultati in concreto. Un simile esperimento (quello di un trasferimento mensile garantito a tutti i cittadini, senza nessuna condizione, un "*universal basic income*") venne introdotto in Finlandia nel 2017-18, ma poi abbandonato.[43]

La legalità e la sicurezza

Lungi da me esagerare il problema. L'Italia non è nel mezzo di un'ondata di criminalità diffusa, come qualcuno vuole farci credere. Per esempio, il numero dei delitti denunciati dalle forze di polizia all'autorità giudiziaria è sceso da 2.687.249 nel 2015 a 2.301.912 nel 2019 (un calo del 14 per cento).[44] Però l'illegalità grande e piccola – dal lavoro in nero agli abusi edilizi, dai falsi invalidi all'immigrazione clandestina, dal parcheggio in doppia fila al caporalato in agricoltura, dalle discariche a cielo aperto alla violazione delle norme di sicurezza sul lavoro – è ancora troppo diffusa, per certi aspetti quasi divenuta parte della nostra quotidianità. Occorre fare meglio.

Il far rispettare le leggi è sempre stato tra i principali compiti dello stato e, forse per questo, la tutela di "Law & Order" è associata a una visione conservatrice (alcuni direbbero reazionaria) della società. In realtà, il rispetto della legalità, la certezza del diritto e pene adeguate per chi non rispetta le leggi sono essenziali per assicurare l'uguaglianza di possibilità, per diversi motivi. Primo, cosa ovvia, solo se tutti rispettiamo le stesse leggi possiamo dirci uguali ai blocchi di partenza. Secondo, come ho già sostenuto, alcuni reati (per esempio, quelli relativi all'evasione fiscale, alla corruzione e altri reati da "colletti bianchi") minano i principi della concorrenza. Terzo, la debolezza dello stato nel tutelare la sicurezza delle persone ricade in modo più pesante su chi nasce e cresce in un contesto disagiato. Chi proviene da una famiglia benestante vive anche probabilmente in un'area meno infestata dalla criminalità. Il degrado, anche in termini di sicurezza, delle periferie è qualcosa che non tocca chi abita in centro città. Non lasciare le periferie in mano alla criminalità, organizzata o meno che sia, è allora fondamentale per l'uguaglianza di possibilità. Il degrado di certe aree territoriali deve essere combattuto per tutelare tale uguaglianza. Una scuola che tolga i ragazzi dalla strada è importante, ma ugualmente importante è che comunque le strade siano sicure. Anche in periferia.

Cosa fare in quest'ambito? La priorità non è tanto introdurre nuove leggi o inasprire le pene, ma fare in modo che le leggi esistenti siano rispettate e che le pene siano effettive. Non è tollerabile che criminali siano in circolazione per effetto di vizi di forma, politiche di rieducazione troppo permissive, difficoltà di interpretazione di leggi mal formulate e tempi della giustizia penale prolungati da procedure farraginose e difficoltà di gestione dei tribunali, col rischio di prescrizione dei processi.

Immigrazione

A chi va applicato il principio dell'uguaglianza di possibilità? In un mondo ideale, a tutti, indipendentemente dalla cittadinanza. In pratica, però, il principio dell'uguaglianza di possibilità va applicato a tutti quelli che sono legalmente residenti nel nostro paese e, per alcuni benefici, siano cittadini italiani. È utopico pensare che possa essere applicato a chiunque arrivi in Italia, in qualunque modo. Il paese ha bisogno di un'immigrazione regolata, viste le carenze demografiche, ma chi vi si stabilisce deve farlo con un regolare permesso. Chi è in pericolo, ovviamente, va salvato. Ma chi entra senza permesso andrà rimpatriato o comunque sistemato in strutture al di fuori del territorio nazionale. Adeguata pubblicità deve essere data nei paesi di origine al fatto che per arrivare in Italia esistono canali legali più economici e meno rischiosi di quelli illegali offerti dai trafficanti di persone. Ma bisogna anche informare che chi arriva senza permesso verrà rimpatriato e fare in modo che ciò avvenga. Come ho detto in altre occasioni, sono favorevole a una concessione della cittadinanza italiana in tempi molto più rapidi di quelli attuali. Ma, purtroppo, nel mondo del XXI secolo le frontiere esistono ancora.

Uguaglianza nelle opportunità come valore europeo

Come abbiamo visto, la crisi legata al Covid nei primi mesi ha fatto crollare la popolarità delle istituzioni europee ai minimi storici, partendo da un livello, a fine 2019, che già era basso. Il successivo recupero è stato solo parziale, nonostante la solidarietà mostrata questa volta dai nostri partner europei. Ma guardiamo avanti. Se volessimo utilizzare ancora quello di uguaglianza di possibilità come principio guida, questa volta non solo per noi, ma per l'intera Unione Europea, quali sarebbero le politiche che l'Europa dovrebbe attuare? Qui ci vorrebbe un altro libro, per cui mi limito ad alcune considerazioni.

La prima è che l'uguaglianza di possibilità è una componente essenziale dello stile di vita europeo come definito nel trattato di Lisbona. Nelle parole di Ursula von der Leyen: "Si tratta della concezione europea della vita. Si tratta di costruire un'Unione di uguaglianza, in cui tutti abbiamo le stesse possibilità di accesso alle opportunità. Si tratta di fornire alle persone le conoscenze, l'istruzione e le competenze necessarie per vivere e lavorare dignitosamente".[45]

Seconda considerazione: se si applica questo principio al mondo delle imprese, occorre che l'Unione Europea diventi un piano livellato dove le scelte di investimento privato riflettano vantaggi economici effettivi, non distorsioni create dall'intervento pubblico. Ciò richiede un maggior accentramento o coordinamento delle politiche di tassazione evitando, per esempio, che alcuni paesi operino quasi come dei paradisi fiscali. Se ne parla da tanto tempo ma senza grandi progressi. Irlanda, Lussemburgo e Olanda, soprattutto, hanno dei livelli di tassazione sulle società, di fatto, molto bassi, riuscendo così ad attirare investimenti dagli altri paesi dell'Unione. Qualcuno vede questa come un'utile forma di concorrenza fiscale tra paesi. È uno stimolo, si dice, all'efficienza nella gestione della spesa pubblica: se non sei efficiente, devi tenere le tasse più alte e le tue imprese ti lasciano. Perché l'Italia, invece di lamentarsi dei bassi livelli di tassazione sulle società, non abbassa le proprie tasse? C'è però un problema in questa logica: non si tratta di una concorrenza tra uguali. I paesi piccoli, in quanto tali, hanno un vantaggio particolare a tenere aliquote di tassazione sulle imprese basse: riducendo le tasse perdono poco gettito sui profitti delle proprie imprese rispetto a quello che riescono ad attirare dal resto dell'Unione. Paesi grandi, come Italia, Francia e Germania, non hanno la stessa possibilità. Non si tratta quindi di concorrenza tra pari, ma di una concorrenza dovuta al fatto che, nonostante il mercato dei beni e dei servizi sia comune, le politiche fiscali all'interno dell'Unione, con differenze particolarmente forti per la tassazione sulle società, non sono armonizzate. Questa situazione non può perdurare se si vuole creare un vero mercato comune anche nell'allocazione del capitale. La difficoltà politica sta nel fatto che, in base ai trattati europei, la tassazione resta un'area in cui ogni singolo paese può ancora esercitare un diritto di veto. Si può allora risolvere il problema solo attraverso un accordo politico.

Terza e ultima considerazione. In generale, è necessario che il bilancio dell'Unione Europea acquisti una dimensione molto più significativa di quella attuale attraverso l'accentramento di politiche non solo di tassazione, ma anche di spesa, a partire da un sussidio di disoccupazione europeo. Le misure di sostegno decise per fronteggiare le conseguenze economiche dell'emergenza Covid vanno nella direzione di accentrare l'emissione di titoli di stato e le decisioni sulla spesa, ma solo nel senso che le spese finanziate dal Ngeu devono essere decise in comune. Si tratta comunque ancora di politiche diverse da stato a stato, non di politiche comuni all'intera area. Inoltre, almeno per ora, si tratta di un meccanismo di accentramento temporaneo, che dovrebbe scomparire nel corso del tempo. La strada è ancora lunga.

7.
La crescita economicamente sostenibile

> Eppure il Pil [...] misura tutto, tranne quello che rende la vita degna di essere vissuta.
>
> Robert F. Kennedy

Aveva ragione Robert Kennedy. L'aumento delle risorse disponibili, l'aumento del Pil, non può diventare un valore assoluto, soprattutto se si parla di crescita nel breve periodo. È abbastanza facile far crescere un'economia nell'immediato attraverso politiche economiche molto espansive (aumento del deficit pubblico, tassi di interesse bassi). Il problema è mantenere la crescita nel tempo e non causare squilibri di natura sociale, ambientale e finanziaria.

Anche nel campo della sostenibilità sociale e ambientale l'Italia non è molto avanti nelle classifiche internazionali. Nel *Sustainable Development Report* delle Nazioni Unite (edizione 2020) siamo al trentesimo posto.[1] Attenzione, questa è una classifica basata sui *livelli* e, come paese avanzato, siamo ovviamente avanti rispetto a quasi tutti i paesi emergenti e a reddito basso. Ma siamo uno degli ultimi fra i paesi avanzati. Ho già parlato nel capitolo 5 di come il concetto di uguaglianza di possibilità porti necessariamente a preoccuparsi della sostenibilità sociale di un progetto di crescita. Ho anche detto che tale concetto, inteso a livello intergenerazionale, richiede la tutela dell'ambiente come valore essenziale. E molte delle politiche proposte nel capitolo 6 migliorerebbero la nostra posizione nella classifica delle Nazioni Unite.

In questo capitolo ci occupiamo invece di come raggiungere una crescita economica sostenibile dal punto di vista economico e finanziario. Perché se è vero che la crescita del Pil, di per sé, non può diventare un valore assoluto, è anche vero che l'ultimo paese che dovrebbe preoccuparsi di una crescita eccessiva è l'Italia, visto che non è riuscita a crescere per nulla, in termini di reddito pro capite, nei vent'anni pre-Covid, e visto che un'uguaglianza di possibilità può essere ottenuta più facilmente in un contesto di crescita: l'ascensore sociale funziona meglio se l'economia cresce.

L'applicazione dei criteri di uguaglianza di possibilità, di merito e di responsabilità discussi nel capitolo precedente sarà di per sé portatrice di una crescita sostenibile nel lungo periodo, poiché premia la capacità e l'impegno ed evita che talenti potenziali siano sprecati per mancanza di opportunità. Ma occorrerà tempo perché possa avere effetti rilevanti. Dovrà quindi essere affiancata da interventi immediati che possano aiutare l'Italia, non solo a "rimbalzare" dopo il Covid, ma a raggiungere rapidamente nei prossimi anni un tasso di crescita del Pil di almeno il 2 per cento. Nel decennio conclusosi nel 2019 siamo arrivati allo 0,2 per cento, ma il compito non è impossibile. Alla fine degli anni novanta era la Germania a essere considerata "il malato dell'euro".[2] Se sono guariti loro, economicamente, possiamo farlo anche noi.

Ah, dimenticavo. Se aumenta la capacità di produrre (la produttività), non vuol dire che dobbiamo tutti lavorare come matti ventiquattr'ore su ventiquattro, correndo come criceti sulla ruota. E non solo perché la crescita deve essere sostenibile da un punto di vista ambientale. Ma anche perché il tempo che risparmiamo producendo con maggior efficienza potremmo dedicarlo alle cose di cui parlava Kennedy, quelle che rendono la vita degna di essere vissuta.

Il rimbalzo e la crescita di lungo termine

L'esigenza immediata è quella di tornare al livello del Pil che avevamo nel 2019: il rimbalzo. Per questo sono necessarie, come abbiamo visto, politiche di bilancio espansive per sostenere la domanda aggregata. Si tratta di attaccare un cavetto alla batteria scarica e far ripartire il motore. È importante capire che, purtroppo, questo lo si può fare anche sprecando le risorse disponibili. Nel decimo capitolo della già citata *General Theory*, Keynes a mo' di provocazione scrisse che per far ripartire l'economia si può anche far scavare buche per terra. Chi le scava sarà pagato, aumenterà i consumi e l'economia ripartirà. Ma se si sprecano i soldi, quando poi finiscono, l'economia, nella migliore delle ipotesi, torna al punto di partenza. E a noi tornare al 2019 non basta. O, se vogliamo metterla in altri termini, piuttosto di scavare buche per terra, non è meglio spendere per riparare le buche nelle nostre strade, Roma capitale compresa? Non è meglio impiegare bene le risorse che abbiamo e che ci vengono dall'Europa, in modo da aumentare la nostra capacità produttiva? Nelle pagine seguenti traccerò la mia visione di cosa sarebbe necessario per una crescita di lungo periodo.

Investire per una strategia di crescita della capacità produttiva: gli investimenti pubblici

Il Pil annuale è il prodotto tra ciò che produce una persona in media in un'ora di lavoro (la sua produttività) e il numero di ore lavorate in un anno. Quindi la crescita economica dipende da quanto cresce il numero di ore lavorate e da quanto aumenta la produttività oraria. Il primo dipende da fattori demografici e dalle opportunità e dagli incentivi che esistono per lavorare. La produttività oraria dipende dalla dotazione di capitale, fisico e umano, di cui dispone chi lavora, ed è qui che siamo stati particolarmente deboli negli ultimi due decenni: la crescita della produttività media nell'economia italiana è stata dello 0,1 per cento l'anno: praticamente siamo stati fermi.

Di incentivi e opportunità per aumentare la produttività ho già parlato nel capitolo precedente. Ho parlato anche di pubblica istruzione e molti altri fattori che possono aumentare il capitale umano. Qui mi concentro su quanto serve per aumentare gli investimenti fisici.

L'Italia ha bisogno di maggiori investimenti pubblici e privati. Cominciamo da quelli pubblici, anche se, alla lunga, è la capacità delle imprese di crescere che conta in un'economia di mercato. Quanti ne servono? Prima del 2008, l'Italia investiva quasi il 3 per cento del Pil in investimenti fissi. L'importo è poi sceso progressivamente fino a valori vicino al 2 per cento (2,1 per cento nel 2018). Il motivo principale è che la mancanza di fonti di finanziamento a tassi di interesse bassi, la preferenza a non contenere la spesa corrente per finanziare gli investimenti e l'assenza di una volontà politica ad aumentare le tasse avevano comportato un calo negli stanziamenti (cioè nelle autorizzazioni di spesa per investimento date dal parlamento). Il secondo motivo è rappresentato dall'incapacità di investire anche quando gli stanziamenti esistevano. Questo fattore si è rivelato più importante negli ultimi anni. Com'è possibile che fossimo capaci di spendere il 3 per cento del Pil in investimenti pubblici prima del 2008 e poi non siamo più stati in grado di arrivare a quei livelli? Temo che il motivo sia legato alla qualità degli investimenti. Nei decenni precedenti al 2008 investivamo tanto, ma male, con investimenti realizzati anche come veicolo per convogliare mazzette. La corruzione era il lubrificante. Cattivi, ma tanti. Quando si è cercato di mettervi un freno, con controlli *ex ante* e una presenza assidua dell'Anac, la corruzione si è forse ridotta, ma è diventato più difficile spendere.

Guardando avanti, ora che le risorse a tassi sussidiati dal Ngeu sono disponibili, la spesa per investimenti pubblici va aumentata, ma non credo sia necessario riportarla al 3 per cento del Pil, perlomeno non permanentemente. La Germania ha mantenuto per decenni un livello di investimenti pubblici di poco superiore al 2 per cento del Pil e ciò non ha impedito una crescita elevata. Forse basterebbe puntare al 2 e mezzo per cento del Pil, purché gli investimenti siano di buona qualità.

Che investimenti fare? La necessità, chiaramente indicata dall'Unione Europea, è di fare investimenti verdi in linea con lo European Green Deal.[3]

Sono tre in questo caso i problemi che dobbiamo affrontare. Il primo è quello delle risorse da investire. Queste ora le abbiamo, tramite i fondi europei: il Ngeu è stato creato proprio per finanziare progetti verdi a tassi di interesse zero o negativi. Ma, a parte il colore, che caratteristiche devono avere gli investimenti? C'è la necessità di digitalizzare l'Italia (anche questo "ce lo dice l'Europa"), visto che in tale ambito siamo sotto la media europea sia nel settore pubblico che in quello privato. Dobbiamo puntare più sulle grandi opere? È la tentazione dei politici, le grandi opere sono quelle che consentono di andare a "tagliare il nastro" e passare alla storia (come per l'ormai leggendario ponte sullo Stretto). Ma ci sono tante piccole opere necessarie per mettere in sicurezza il territorio, ammodernare scuole e ospedali, migliorare le reti ferroviarie locali, svecchiare il parco mezzi nelle grandi città (in modo che non vadano in fiamme; nei primi mesi del 2020, a Roma avevano preso fuoco ventisei autobus).[4] Certo, nessuno passerà alla storia per queste iniziative, ma sono quelle che servono forse di più a famiglie e imprese.

Ma bisogna fare presto. Uno studio dell'Università di Tor Vergata sugli investimenti effettuati dal 2012 indica che il tempo necessario in media per portare a termine un progetto di investimento pubblico di medie dimensioni (dai 15 ai 50 milioni) è di oltre tre anni e nove mesi.[5] I tempi sono molto più lunghi per le grandi opere (ricordo che per il Mose a Venezia ci sono voluti diciassette anni). Il governo ha cercato di accelerare attraverso il cosiddetto decreto Semplificazioni.[6] Il decreto consente per un anno di utilizzare delle procedure di appalto che comportano forme di concorrenza meno intensa tra imprese, per esempio con l'innalzamento delle soglie al di sotto delle quali è possibile l'affidamento diretto dei lavori o la procedura negoziata in cui è invitato a partecipare alla gara di appalto solo un numero ristretto di imprese. Come ho già accennato nel capitolo precedente, alla lunga queste "semplificazioni" danneggiano la concorrenza e finiscono per aumentare il costo dei progetti o per ridurne la qualità. Inoltre, la lentezza della fase della gara è solo uno dei tanti freni all'investimento pubblico. La ricerca sopracitata indica che tra la decisione di effettuare l'investimento (con la richiesta del codice Cup – il Codice unico di progetto – all'Anac) e l'inizio della progettazione passano in media 254 giorni; la fase di progettazione dura 372 giorni; la fase di affidamento (la gara) 276 giorni e la fase di esecuzione (per le opere di media dimensione) 837 giorni.[7] La lunghezza di queste fasi è dovuta a due fattori. Primo, le procedure complicate, la necessità di avere pareri e opinioni da più enti pubblici, e controlli introdotti anche per ridurre il rischio di corruzione. Per ovviare a ciò occorre semplificare la burocrazia (come discusso anche nel seguito): controlli a tappeto *ex ante* possono essere rimpiazzati da controlli a campione *ex post*. Ma ciò funziona solo se la giustizia penale opera rapidamente (anche per questo vedi sotto). Secondo, l'inerzia della pubblica amministrazione, la sua abituale lentezza nel prendere decisioni e nell'implementarle, al di là dei freni imposti da regole complesse. È essenziale allora, perché gli investimenti pubblici siano accelerati, che la pubblica amministrazione venga riformata attraverso adeguati incentivi, ossia introducendo principi di merito nella valutazione dei suoi dirigenti e, in generale, di tutti i dipendenti. Torno sul tema fra poco.

Gli investimenti privati

Passiamo agli investimenti privati. Cosa li frena? Sembra sensato ascoltare in proposito il parere degli imprenditori stessi. Da anni i sondaggi delle imprese (estere, ma le lamentele sono simili per quelle italiane) sui freni agli investimenti in Italia mettono ai primi posti tre fattori: le elevate aliquote di tassazione, la complessità della macchina burocratica e la lentezza della giustizia.[8] Da notare che altre cose (come la flessibilità del mercato del lavoro) non sono mai state considerate ugualmente importanti. È quindi essenziale rimuovere il più possibile questi freni.

La pressione fiscale è la quinta più alta tra i paesi dell'eurozona. Il cuneo fiscale (la differenza tra costo del lavoro per l'impresa e quello che il lavoratore dipendente trova effettivamente in busta paga) è il secondo più alto, dopo la Francia, per una famiglia monoreddito di quattro persone.[9] Quali tasse tagliare? Ho parlato della necessità di favorire l'investimento privato, ma ciò non vuol dire tagliare le tasse sui profitti delle imprese. Anche dei tagli delle tasse sul lavoro, del cosiddetto cuneo fiscale, beneficiano le imprese, perché possono portare a una riduzione del costo del lavoro: alla fine la modalità con cui il beneficio di un taglio di tasse si distribuisce tra impresa e lavoro dipende dalla contrattazione tra le parti durante il rinnovo dei contratti.

La difficoltà nel ridurre le tasse sta nel trovare le fonti di finanziamento. Sono capaci tutti di tagliare le tasse in deficit, cioè prendendo a prestito i soldi, quindi continuando a spendere nonostante il calo nella tassazione. Un taglio delle tasse che si vuole sia percepito come permanente deve però essere finanziato in modo permanente. Per questo le risorse del Ngeu, che sono disponibili temporaneamente, non dovrebbero essere usate per tagliare le tasse, se non per incentivare, temporaneamente, spese di investimento come nel caso di Industria 4.0. Due sono le fonti di copertura di possibili tagli alle aliquote di tassazione: risparmi sulla spesa pubblica non prioritaria e riduzione dell'evasione fiscale. Ho parlato del primo tema nel mio libro *La lista della spesa* (Feltrinelli, Milano 2015) e del secondo nel già citato *I sette peccati capitali dell'economia italiana*. Non voglio ripetermi entrando nei dettagli tecnici. Alla fine, il problema è politico e di opinione pubblica: ridurre gli sprechi nella spesa pubblica o l'evasione fiscale farà male a qualcuno nell'immediato, e, anche se quel qualcuno rappresenta la minoranza, può averla vinta. Il motivo è semplice. Prendiamo il caso dei risparmi di spesa: se sono mirati non danneggiano i molti ma possono danneggiare qualcuno anche pesantemente. I benefici, in termini di tassazione minore, verrebbero invece distribuiti su un ampio numero di persone, ma per piccoli importi. Se i pochi che ci perdono molto gridano sufficientemente forte e i tanti che ci guadagnano poco, proprio perché individualmente guadagnano poco, restano zitti, i risparmi non si realizzano e gli sprechi continuano. Per l'evasione fiscale il discorso è complicato dal fatto che la platea degli evasori è molto ampia. Se si vuole andare avanti occorre che l'opinione pubblica, e quindi anche la politica, considerino il taglio delle tasse coperto da risparmi di spesa o lotta all'evasione come priorità.

Sulla lentezza della burocrazia si è scritto tanto e fatto poco. Sappiamo che è dall'Unità d'Italia che l'opinione pubblica reclama, a parole, una maggiore snellezza degli apparati burocratici, salvo poi eleggere politici che non mettono lo snellimento al primo posto tra le esigenze del paese. Ho già spiegato, parlando dei freni all'investimento pubblico, che velocizzare la macchina burocratica richiede almeno due elementi, che vorrei qui approfondire.

Il primo è una semplificazione normativa e procedurale mirata a eliminare le norme inutili, i protocolli farraginosi, la necessità di contattare un numero eccessivo di enti pubblici per avere autorizzazioni, la sovrabbondanza e la complessità dei moduli da compilare. Come parte del processo di riduzione della burocrazia, è anche prioritario semplificare in modo drastico la struttura della tassazione, incluso il numero dei tributi, il calcolo delle basi imponibili e le procedure di pagamento e riscossione delle tasse.

Per ottenere questa semplificazione normativa e procedurale occorre una forte volontà politica di resistere alle lobby e al potere dei ministeri romani, che, spesso, contano più dei politici, come ci racconta il libro *Io sono il potere*, scritto da un anonimo capo di gabinetto e pubblicato da Feltrinelli nel 2020. C'è poi anche una questione di mentalità. Una riforma in quest'ambito non può che prendere piede dalle istanze di chi la burocrazia la subisce tutti i giorni: gli imprenditori. Poi solo in un secondo momento si coinvolgerà nella stesura dei decreti di semplificazione qualche capo di gabinetto o di ufficio legislativo romano. Ma non è da lì che possono partire le proposte. Infine, occorrerebbe formare più adeguatamente chi scrive le leggi. Chiedere di scrivere testi di legge più semplici a chi li ha sempre scritti "complicati" presuppone di imparare a farlo, magari prendendo l'esempio da altri paesi.

La seconda azione necessaria ad abbreviare i tempi della macchina burocratica riguarda il modo in cui sono gestite le pubbliche amministrazioni. Non basta infatti ridurre norme, moduli e passaggi burocratici. Occorre anche che la pubblica amministrazione che riceve il modulo legga presto la richiesta, prenda presto una decisione e comunichi presto la risposta. A tal fine devono cambiare radicalmente i metodi di gestione all'interno della pubblica amministrazione. Per ogni ente pubblico devono essere fissati ogni anno dei chiari obiettivi di risultato e degli indicatori per raggiungerli, il tutto con la massima trasparenza. Dati questi obiettivi, occorre poi premiare chi si impegna a conseguirli e, di contro, non premiare chi non si dà abbastanza da fare.

È il principio del merito applicato alla pubblica amministrazione. Facile a dirsi, più difficile a farsi. Infatti ci abbiamo già provato. Era questa l'essenza della riforma della pubblica amministrazione avviata da Renato Brunetta, ministro per la Pubblica amministrazione e l'Innovazione, nel 2009. Che è successo poi? Nulla, o quasi, e non certo per colpa di Brunetta. Sono più di dieci anni che, nell'indifferenza generale, i ministeri fissano obiettivi di risultato, li ottengono e distribuiscono premi a pioggia ai dirigenti, più o meno uguali per tutti. La riforma è stata realizzata in modo puramente formale, non sostanziale. Gli indicatori di performance sono vaghi, irrilevanti o troppo facili da raggiungere. Un esempio fra tanti: il ministero della Giustizia ha, tra gli indicatori di risultato, la durata dei processi, ma l'obiettivo per gli anni a venire è spesso fissato replicando la durata nell'ultimo anno: non si punta alla riduzione della durata dei processi (vedi sotto) ma al mantenimento della loro (eccessiva) durata. A dire il vero, c'è un secondo sistema di valutazione dei risultati. È quello messo in piedi sulla base della riforma del bilancio dello stato, sempre del 2009, ma gestita dal ministero dell'Economia e delle Finanze (all'epoca guidato da Giulio Tremonti), e procede condividendo aspetti simili a quello legato alla riforma Brunetta, ma diverso in altri aspetti. In comune ha la sua irrilevanza.[10] Il problema è, anche questa volta, di volontà politica e di un'opinione pubblica che sia disposta a far sentire la propria voce se gli obiettivi non sono raggiunti. Al momento, una cosa è certa: buona parte della pubblica amministrazione, com'è organizzata attualmente, costituisce un ostacolo all'investimento privato (e pubblico). E questo perché la pubblica amministrazione non viene gestita avendo in mente i risultati che si vogliono ottenere in termini di qualità dei servizi.

Quel che serve è una vera gestione orientata ai risultati. Gli indicatori non possono essere fissati dalle stesse pubbliche amministrazioni. Come minimo, occorre che siano definiti, per ogni ministero, a un livello più alto (ossia dalla presidenza del Consiglio), e poi inviati al parlamento e sottoposti a una regolare verifica periodica e al monitoraggio dei media. In realtà, si dovrebbe introdurre in Italia una variante (migliorata) dei Public Service Agreements usati nel Regno Unito tra la metà degli anni novanta e il 2010, in cui per ogni dicastero veniva definito una specie di contratto per la cui esecuzione il ministro era direttamente responsabile. E, in linea di principio, se i risultati non venivano raggiunti, il ministro se ne doveva andare. Il principio della responsabilità e del merito deve partire dal vertice e poi scendere ai dirigenti pubblici e a tutti i dipendenti pubblici, per influenzarne gli aumenti retributivi annuali.

Sottolineo poi una cosa: è essenziale, nella scelta degli indicatori, che si comincino a utilizzare per tutta la pubblica amministrazione, in modo sistematico, indicatori del grado di apprezzamento della qualità dei servizi pubblici. Sono i cittadini e le imprese i migliori giudici della qualità dei servizi.[11]

Una terza necessaria riforma per facilitare gli investimenti privati riguarda la giustizia. Una giustizia lenta riduce la certezza del diritto che è fondamentale per le imprese. L'Osservatorio sui conti pubblici che dirigo ha più volte documentato la maggiore lentezza della giustizia in Italia rispetto a quasi tutti gli altri paesi europei, al netto di un modesto progresso negli ultimi quattro anni.[12] Riassumo qui perché una giustizia lenta, in tutti i suoi comparti, è nociva.

Una giustizia civile lenta rende incerto il valore di un contratto privato: se un'impresa ha un contratto e la controparte non si comporta bene, l'impresa si rivolge al tribunale. Ma la sentenza arriva dopo otto anni (come in media accadeva fino al 2016 per le cause civili che arrivano al terzo grado di giudizio in Italia, anche se ora siamo più vicini ai sette anni; ad ogni modo, il triplo di quanto durano i processi civili in Germania), il contratto perde valore e magari la prossima volta l'impresa va a investire all'estero. Una giustizia penale lenta rende più difficile combattere la corruzione e non permette forme di controllo *ex post*, piuttosto che *ex ante*, complicando ulteriormente la burocrazia. Una giustizia amministrativa lenta (anche qui qualche progresso c'è stato negli ultimi anni, ma siamo ancora indietro rispetto agli altri paesi avanzati) rallenta gli investimenti pubblici in caso di ricorso sulle gare di appalto. Infine, una giustizia tributaria lenta rende incerto l'importo delle tasse dovute.

Come riformare la giustizia? Ho scritto l'anno scorso un breve documento su questo tema (concentrandomi sulla giustizia civile) insieme a Mario Barbuto, ex presidente del tribunale di Torino, all'avvocato Alessandro De Nicola e a Leonardo D'Urso, esperto di procedure extragiudiziali.[13] Quando è stato pubblicato, qualcuno ha storto il naso: un economista che si occupa di giustizia? Sì, perché anche un tribunale è in qualche modo un'azienda che va gestita in modo moderno. E, in effetti, la lentezza della giustizia in Italia è dovuta in parte proprio alla mancata volontà di vedere un tribunale come un'azienda che fornisce un servizio pubblico, la cui qualità dipende anche dai tempi con cui il servizio viene fornito. "Non siamo jukebox," ha sostenuto qualche giudice. E i tribunali italiani non devono certo diventare jukebox. Ma una sentenza che arriva dopo otto anni non è come una che arriva dopo due. E allora occorre non solo rivedere il codice di procedura civile tagliando i "tempi morti", adeguare i costi di accesso alla giustizia alle medie europee (da noi i costi sono più bassi, il che incentiva le cause "frivole"), disincentivare gli atteggiamenti palesemente ostruttivi delle parti in causa (tipici di chi ha torto) e rafforzare le procedure di risoluzione extragiudiziale, come avviene per esempio negli Stati Uniti. È anche opportuno che i tribunali siano gestiti da chi ha mostrato effettive capacità manageriali (avendo ricevuto la necessaria formazione), con un'adeguata attenzione ai tempi con cui le sentenze vengono emesse.

Un ultimo ma fondamentale punto. Oltre agli investimenti fisici, dobbiamo investire di più nella ricerca, privata (anche attraverso adeguati incentivi) e pubblica. È un altro ambito in cui siamo indietro rispetto ai principali paesi europei: la nostra spesa pubblica per la ricerca è meno della metà di quella della Germania, in rapporto al Pil.[14]

La domanda dei nostri prodotti

Per produrre di più e meglio non basta avere le abilità, gli impianti, gli occupati. Occorre che ci sia qualcuno che compri i beni che le nostre imprese producono. Da dove verrà la domanda per quei beni? Occorre distinguere tra il breve periodo e il medio-lungo periodo. Nel breve periodo, nell'immediato rimbalzo post-Covid, un contributo essenziale verrà dal deficit pubblico, compresi, quando saranno riavviati, gli investimenti pubblici. Il "moltiplicatore" degli investimenti pubblici (cioè l'aumento di domanda e produzione per ogni euro speso in investimenti pubblici) è particolarmente alto in periodi di crisi, anche rispetto ad altre forme di spesa pubblica, come i trasferimenti a famiglie e imprese: il motivo è che in una situazione di incertezza le risorse trasferite al settore privato potrebbero essere risparmiate e non spese. Gli investimenti pubblici invece vanno direttamente in domanda di beni e servizi.

Nel medio-lungo periodo, però, la spinta a una crescita tendenziale della domanda non può venire dal settore pubblico. Attenzione a un punto importante: avere il deficit pubblico come traino della domanda richiederebbe avere una spesa pubblica finanziata in deficit crescente di anno in anno. Un deficit costante dà un sostegno permanente al livello del reddito, ma perché il deficit porti a un *aumento* del Pil deve aumentare di anno in anno il deficit stesso, il che ovviamente non è possibile. L'incremento della domanda deve allora venire dal normale processo di crescita della domanda privata. Gli investimenti privati sono un'importante componente della domanda. Ne ho già parlato. I consumi normalmente seguono e amplificano la spinta che viene dagli investimenti. Ma per l'Italia una componente essenziale al processo di crescita è sempre stata la domanda estera. Gli anni duemila sono stati quelli in cui abbiamo perso terreno, anche rispetto agli altri paesi europei, soprattutto la Germania.[15] I maggiori investimenti pubblici e privati dovrebbero consentire però un recupero di produttività e competitività, rilanciando le esportazioni. Occorre riconquistare quelle quote di mercato perse rispetto alla Germania negli anni duemila. Credo sia possibile in un'Italia riformata.

Il problema del debito pubblico

L'emergenza Covid ci lascerà in eredità un debito pubblico ancora più alto che in passato. Come ho spiegato nel primo capitolo, il crescente ruolo delle istituzioni europee nel finanziamento del debito italiano riduce i rischi nell'immediato, rischi che però rimangono nel medio termine, soprattutto nel caso di una ripresa dell'inflazione e dei tassi di interesse. Per ridurre tali rischi il debito dovrebbe scendere rispetto alla dimensione dell'economia, ossia rispetto al Pil. Come farlo?

Sperare in una cancellazione del debito da parte delle istituzioni europee, come di recente proposto da diverse parti, è irrealistico e, peraltro, inutile. La quota di finanziamenti che l'Unione Europea ci darà come trasferimenti a fondo perduto, rispetto alla quota di prestiti, è stata oggetto di attente discussioni: che tale quota aumenti è molto difficile. Cancellare il credito concessoci dalla Bce (tramite la Banca d'Italia) sottrarrebbe alla stessa lo strumento per riassorbire la liquidità in eccesso creata nel periodo Covid se l'inflazione aumentasse, come discusso nel capitolo 2. In quel capitolo notavo che, se l'inflazione aumentasse e fosse necessario riassorbire la liquidità in eccesso, la Bce potrebbe evitare di vendere titoli di stato e introdurre una riserva obbligatoria. Ma, se così facesse, diventerebbe del tutto inutile cancellare i titoli di stato, che continuerebbero a essere rinnovati alla scadenza. Inoltre, la cancellazione del debito pubblico detenuto dalla Bce è del tutto contraria ai trattati europei.

Come ridurre il debito, allora? Ci vuole "austerità"? No, la via maestra è quella della crescita, ma occorre essere chiari su come la crescita possa aiutare a ridurre il rapporto tra debito pubblico e Pil. Due canali sono rilevanti. Il primo è il cosiddetto "effetto denominatore". Se il Pil, il denominatore del rapporto, cresce, il rapporto tende a ridursi. Attenzione, però: se ci basiamo solo su questo effetto, la discesa del rapporto tra debito pubblico e Pil avverrebbe troppo lentamente. Bisogna anche rallentare la crescita del numeratore del rapporto, il debito pubblico. Sappiamo che la crescita del debito dipende dal livello del deficit. Per far crescere più lentamente il debito pubblico è necessario quindi ridurre il livello del deficit. Se l'economia cresce, non serve però austerità per ridurre il debito pubblico. Quando il Pil cresce, aumentano le entrate dello stato (si pagano più tasse, anche ad aliquote di tassazione invariate, perché aumenta la base imponibile), e se si mettono da parte un po' di quelle entrate, ossia se la spesa pubblica non aumenta tanto quanto il Pil, allora il deficit scende, gradualmente, senza austerità, senza bisogno di tagliare la spesa o aumentare le aliquote di tassazione. Insomma, bisogna fare quello che farebbe una famiglia indebitata, ma responsabile, che riceve un aumento di stipendio: almeno in parte l'aumento andrebbe risparmiato, non speso, al fine di mettere a posto i conti familiari. Certo, le spese prioritarie vanno aumentate anche più rapidamente del Pil. Occorre allora che altre facciano spazio. Occorre allora, tra le altre cose, completare la riforma degli acquisti iniziata nel 2014 (per spendere meno senza comprare meno), riorganizzare le attività periferiche dello stato e delle regioni, razionalizzare le spese per la difesa, ridurre la sovrapposizione tra le attività delle forze di polizia, tagliare i costi della politica, chiudere gli enti inutili, contenere la spesa per le pensioni. Si può pensare, in tal modo, di avvicinarci gradualmente al pareggio di bilancio, come previsto dall'articolo 81 della Costituzione. In questo ci potrà aiutare il basso livello dei tassi di interesse, sperando che permanga il più a lungo possibile.

Il piano del governo per il Ngeu e la sua realizzazione

Nel mezzo della più strana crisi politica degli ultimi decenni, il Governo Conte 2 ha approvato il Piano nazionale di ripresa e resilienza (Pnrr) e l'ha inviato in via preliminare all'Unione Europea come base per una successiva discussione (vedi capitolo 2). Poi l'esecutivo è caduto e, mentre questo libro va in stampa, il piano è in corso di revisione tra gli alleati del passato governo e, forse, del nuovo. Inutile quindi commentare in modo dettagliato quanto era stato approvato: *panta rei*, soprattutto in Italia. Ma qualche commento generale può essere comunque utile, per chiarire punti comuni e differenze rispetto alla strategia di riforme descritta nel precedente e in questo capitolo.

In quella versione del Pnrr c'erano aspetti positivi e negativi. Di positivo c'era l'enfasi sul tema delle disuguaglianze (di genere, di generazione, di area geografica). Anche se il concetto di uguaglianza di possibilità non era esplicitato, alcune misure andavano senz'altro nella direzione giusta: maggiore spesa per la pubblica istruzione e per la sanità, investimenti negli asili nido e, in generale, una maggiore attenzione per la formazione del capitale umano. Si puntava molto sugli investimenti pubblici, uno dei temi trattati in questo capitolo e una cosa utile, sempre ammesso che poi si riesca a realizzarli. E si puntava su una crescita verde e sulla digitalizzazione (come peraltro richiesto dalle linee guida europee).

Si dava però troppo poca attenzione a due aspetti fondamentali. Il primo era quello del diffondere una cultura del merito. Insomma, l'uguaglianza nei punti di partenza non era vista come condizione per poi consentire di far operare il criterio del merito, uno dei temi di questo libro (che riprenderò nell'ultimo capitolo). Di merito non si parlava quasi per niente, nonostante la sua importanza anche per far funzionare meglio la pubblica amministrazione. Né si parlava di concorrenza, parola quasi mai citata nel Pnrr: del resto, concorrenza significa proprio consentire che il criterio del merito prevalga anche nel mondo delle imprese.

Il secondo aspetto era l'insufficiente attenzione alle riforme necessarie perché l'Italia diventi un paese dove le imprese private possano investire facilmente. Non si parlava quasi mai di semplificazione burocratica, dei "lacci e lacciuoli" che complicano la vita delle imprese ogni giorno: le riforme della pubblica amministrazione (salvo generici riferimenti) erano principalmente limitati alla sua digitalizzazione. Né si parlava di una gestione della pubblica amministrazione orientata ai risultati sulla base di precisi indicatori. Infine, non si faceva abbastanza nel settore della giustizia. Se ne riconosceva l'importanza per l'economia, ma le riforme previste (perlomeno quelle previste in modo chiaro) erano insufficienti, soprattutto nell'ambito della giustizia civile.

Infine, molte delle iniziative del Pnrr erano ancora definite in modo troppo vago: si chiarivano gli stanziamenti previsti per le varie aree di intervento, ma spesso non gli obiettivi specifici da raggiungere con quegli stanziamenti.

Si deve sperare quindi che il Pnrr sia stato migliorato nel corso delle discussioni successive all'interno della coalizione di governo e nel dialogo con le istituzioni europee. Ma se siamo stati così lenti nella preparazione del Piano, temo che difficoltà ancora maggiori possano insorgere al momento della sua esecuzione. Spero di sbagliarmi.

8.
Riflessioni conclusive sul merito

> Giusto è giusto, anche se nessuno lo sta facendo; sbagliato è sbagliato, anche se tutti lo stanno facendo.
>
> SANT'AGOSTINO

Ho iniziato questo libro parlando di uguaglianza di possibilità come principio guida per una rinascita sociale ed economica dell'Italia. Credo che su questo, almeno a parole, il libro raccoglierà qualche consenso. Insomma, chi può essere contro il principio di dare a tutti una possibilità nella vita? Però, nella pratica politica degli ultimi decenni, almeno in Italia, le cose sono andate diversamente. Invece di usare le risorse per dare una possibilità a tutti, con gli asili nido, con la scuola, con l'università, con la ricerca, e con tutto il resto di cui ho parlato nei capitoli precedenti, ci si è impegnati soprattutto a ridistribuire una ricchezza che non veniva creata, senza peraltro ottenere molti risultati, neppure in termini di riduzione della povertà. La possibilità di cittadinanza è rimasta un sogno. Anzi, forse neppure un sogno visto che di possibilità nel dibattito politico si è parlato proprio poco.

Ma se ho iniziato parlando di possibilità, concludo parlando di merito. Sì, perché la relazione tra uguaglianza di possibilità e premio al merito può essere vista in due modi. Il primo, quello che ho utilizzato nell'introduzione, è quello di mettere in primo piano il principio di uguaglianza di possibilità, un principio di giustizia sociale, raggiunto il quale è giustificabile premiare il merito. Il secondo è quello di mettere in primo piano il principio del merito, che è un principio di efficienza, e l'uguaglianza di possibilità diventa allora la necessaria condizione per lasciare operare nel modo più vero e completo il principio del merito. E ne abbiamo un grande bisogno. Se vogliamo uscire dal ristagno italiano degli ultimi vent'anni è prioritario lasciare più spazio al criterio del merito come via per aumentare la capacità produttiva del nostro paese.

Eppure, credo che sulla questione del merito il libro sarà più criticato. Due potrebbero essere le obiezioni principali. La prima è che in Italia il merito non verrà mai premiato e che avranno sempre la meglio le amicizie personali, le lobby, i favori di scambio. Su questo non posso che dire: dipende da noi. Io non mi rassegno a una situazione del genere e spero che non vi rassegnerete neppure voi. Ciò dovrebbe tacitare le critiche, anche se temo che, chi critica il merito, non lo faccia solo perché pensa che il merito *non possa* essere premiato, ma perché pensa che il merito (in nome di non so quale principio egualitario) *non debba* essere premiato. Un po' come nel Sessantotto e il suo 18 politico. Confesso: ho fatto anch'io il Sessantotto (avevo quattordici anni). Solo che l'ho fatto dall'altra parte della barricata, tra i due o tre che entravano in classe quando gli altri restavano fuori (e vi assicuro, ce ne voleva di coraggio!). Ecco, se andiamo avanti con i 18 politici, non c'è modo che l'Italia possa tornare a crescere.

La seconda obiezione contro il principio del merito è quella di cui ho parlato nel capitolo 5. La vita non può essere vista come una gara in cui il principio del merito domina su tutto. Su questo sono d'accordo e ho spiegato anche perché chi, come me, sostiene la necessità di premiare il merito non possa dimenticarsi della necessità della solidarietà. Tra i vari motivi che ho citato mi piace ricordarne due. Il primo è che, in media, i vincitori della gara sono anche più fortunati degli ultimi. Noi osserviamo solo i risultati, ma non saremo mai in grado di distinguere quello che è solo merito da quello che è anche fortuna. Il secondo è che ognuno di noi deve ricordarsi che, in fondo, anche quello che noi chiamiamo merito deriva da un fortunato mescolarsi genetico che influisce sulle nostre abilità e sulla nostra capacità di impegnarci, di resistere alla malasorte, di gestire con equilibrio tutti i casi della vita. Insomma, il buonsenso ci dice che chi arriva primo non si deve montare la testa. Come cantava Francesco Guccini, non possiamo scordarci "che poi infine tutti avremo due metri di terreno".

Tutto questo lascia spazio alla solidarietà e alla ridistribuzione, senza eccessi naturalmente, senza il "*todos caballeros*" di chi vuole un'uguaglianza dei risultati che porterebbe all'assistenzialismo e all'assenza di efficienza economica. Non c'è dubbio che il mercato negli ultimi decenni abbia prodotto squilibri eccessivi, direi insensati, nella distribuzione del reddito e della ricchezza, squilibri che non riflettono di certo crescenti differenze nel merito. Correggere gli squilibri non sarà facile in un mondo globalizzato dove tassare i redditi e la ricchezza è diventato sempre più difficile. Sarà però più facile se ci muoveremo insieme ad altri paesi, almeno in Europa, dato che uguaglianza di possibilità, premio al merito e rispetto della persona umana sono valori al centro dell'intero progetto europeo.

Tre pensieri conclusivi. Il primo (*repetita iuvant*) è che una rinascita economica e sociale del nostro paese può avvenire solo a partire da un rinnovamento personale. Non possiamo passare il tempo a lamentarci di politici che abbiamo eletto noi perché dicevano le cose che ci piaceva sentire. Mi chiedono spesso se l'Italia "ce la farà", se sono ottimista o meno. Io non sono né ottimista né pessimista. Ma so che se non ci si crede, se non si fa niente, nulla può cambiare. Dipende da noi fare quello che è giusto fare, anche se al momento nessuno lo sta facendo.

Secondo pensiero, ho parlato spesso in questo volume dell'importanza di avere chiari principi ideali su come la nostra società dovrebbe funzionare. Non dimentichiamoci però che tutte le idee vanno attuate con un sano grado di realismo, buonsenso e pragmatismo. Non dimentichiamoci di quello che diceva Bertrand Russell: "Non morirei mai per le mie opinioni: potrei avere torto".

Ultimo e davvero conclusivo pensiero. Basta con guelfi e ghibellini. Le divisioni di opinioni sono inevitabili, ma la polarizzazione che ha dominato gli ultimi anni (e non solo in Italia; basti pensare alle scorse elezioni americane) va evitata. Concentriamoci su quello che ci unisce e non su quello che ci divide. Chiudo la stesura di questo libro il 3 febbraio 2021. Oggi Mario Draghi è salito al Quirinale e ha accettato, con riserva, di formare un governo istituzionale, un governo, quindi, per unire le forze ed emergere non solo dalla crisi del Covid, ma anche da quella crisi sociale, morale ed economica che ci ha avvolto negli ultimi vent'anni. Auguro a lui, a tutti noi e all'Italia di avere successo in questa difficile impresa.

Note

PARTE PRIMA
All'inferno...

1. Le tre crisi

[1] Trovate questi dati nella nota preparata da Luca Gerotto al link https://osservatoriocpi.unicatt.it/cpi-Evoluzione%20spesa%20sanitaria.pdf. Da notare che esistono diverse definizioni di spesa sanitaria, che differiscono leggermente in termini di livello, ma le tendenze sono più o meno le stesse per tutte le definizioni.

[2] Vedi https://www.gimbe.org/osservatorio/Report_Osservatorio_GIMBE_2019.07_Definanziamento_SSN.pdf.

[3] Si potrebbe anche notare che l'inflazione nel settore sanitario di solito è più elevata di quella relativa al livello generale dei prezzi, ma gli indici Istat non sembrano rilevare differenze sostanziali tra inflazione nel settore sanitario e inflazione in generale per il periodo considerato.

[4] Vedi la nota di Beatrice Bonini e Francesco Tucci al link https://osservatoriocpi.unicatt.it/cpi-Sanit%c3%a0%20finale%20template.pdf, per le informazioni riportate nel seguito di questa sezione.

[5] Vedi https://databank.worldbank.org/reports.aspx?source=2&series=SH.XPD.GHED.GD.ZS&country=.

[6] Vedi, per esempio, https://covid19.elsevierpure.com/ca/publications/healthcare-capacity-health-expenditure-and-civil-society-as-predi; e https://www.researchgate.net/publication/343100645_A_country_level_analysis_measuring_the_impact_of_government_actions_country_preparedness_and_socioeconomic_factors_on_COVID-19_mortality_and_related_health_outcomes.

[7] Questo in termini di crescita complessiva. In termini di crescita pro capite abbiamo fatto un po' meglio: siamo al centosessantaquattresimo posto, invece che centosettantesimo.

[8] Negli anni settanta e fino all'inizio degli anni novanta il deficit pubblico italiano è stato in alcuni anni a livelli simili a quelli raggiunti nel 2020. Tuttavia, in quegli anni il deficit era artificialmente gonfiato da una spesa per interessi sul debito pubblico particolarmente elevata perché andava a compensare l'erosione nel valore dei titoli di stato dovuta all'inflazione. Al netto di questo effetto, guar-

dando quindi al cosiddetto *"operational deficit"*, una migliore misura del deficit in termini reali, il rapporto tra deficit pubblico e Pil del 2020 è il più elevato dalla fine della Seconda guerra mondiale.

[9] In realtà un'importante differenza c'è. La Germania negli ultimi decenni ha seguito una politica espansiva quando necessario, ma una prudente quando l'economia cresceva, mantenendo in questo modo il debito pubblico a livelli relativamente contenuti. Altri paesi, tra cui l'Italia, non sono stati in grado di farlo. Ma questa è un'altra storia...

[10] Vedi la nota di Giampaolo Galli e Giulio Gottardo al link https://osservatoriocpi.unicatt.it/cpi-crisi%20economica%20tanto%20diversa%20fra%20paesi.pdf.

[11] Vedi https://www.cdc.gov/flu/pandemic-resources/1918-pandemic-h1n1.html. Anche i dati sui decessi per l'influenza di Hong Kong, quella asiatica e quella spagnola negli Stati Uniti citati nel seguito hanno la stessa fonte.

[12] Vedi la figura al sito https://bfi.uchicago.edu/insight/chart/u-s-real-gdp-per-capita-1900-2017-current-economy-vs-historical-trendline/.

[13] Tra le eccezioni c'è un articolo sugli effetti economici della spagnola negli Stati Uniti, che trova solo effetti piuttosto modesti e di breve periodo, e che riassume anche qualche altro lavoro sul tema (vedi https://www.stlouisfed.org/~/media/files/pdfs/community-development/research-reports/pandemic_flu_report.pdfi); e un articolo sugli effetti della spagnola in Australia che sono considerati modesti, nonostante perdite dello 0,3 per cento della popolazione (vedi https://www.rba.gov.au/publications/bulletin/2020/jun/economic-effects-of-the-spanish-flu.html).

[14] Confronti sui livelli di reddito su periodi così lunghi sono naturalmente soggetti a un ampio margine di errore. L'affermazione nel testo è basata sui dati riportati nel link https://ourworldindata.org/economic-growth.

[15] Vedi l'intervista al link http://ildubbio.ita.newsmemory.com/?publink=5cae52ba6_1343602. In questa intervista Cassese notava che: "Il primo decreto legge era 'fuori legge'. Poi è stato corretto il tiro, con il secondo decreto legge, che smentiva il primo, abrogandolo quasi interamente. Questa non è responsabilità della politica, ma di chi è incaricato degli affari giuridici e legislativi. C'è taluno che ha persino dubitato che abbiano fatto studi di giurisprudenza".

[16] Nella comunicazione del 4 novembre, che introdusse chiusure separate per tre diverse aree d'Italia, Conte si dilungò più del solito per spiegare i motivi delle decisioni. Due giorni prima avevo twittato: "Chiederei due cose al governo: primo, che spieghi chiaramente il motivo di introdurre certe restrizioni piuttosto che altre; secondo, che, come altrove, il Dpcm non abbia effetto immediato ma dopo 24-48 ore per consentire un minimo di aggiustamento". Il governo in quella occasione fece entrambe le cose. Non era la prima volta che osservavo una risposta del governo dopo un mio tweet. Era già successo quando avevo criticato il divieto di portare i trolley in cabina sugli aerei. Twitto e due giorni dopo il divieto viene tolto. Stessa cosa con un mio tweet in cui si chiedeva la desecretazione dei verbali del Comitato tecnico-scientifico. Forse che il portavoce Casalino a Palazzo Chigi abbia letto i miei tweet?

[17] Vedi https://www.ilfattoquotidiano.it/2020/08/05/segreto-sui-verbali-del-comitato-scientifico-anche-copasir-li-chiede-al-governo-attesa-per-la-decisione-del-consiglio-di-stato/5890857/.

[18] Vedi https://www.ilfattoquotidiano.it/2020/08/06/verbali-del-comitato-scientifico-pubblicati-sul-sito-della-fondazione-einaudi-ecco-cosa-ce-scritto-negli-atti-che-erano-segreti/5891815/.

[19] Vedi la nota al link https://osservatoriocpi.unicatt.it/cpi-archivio-studi-e-analisi-come-fa-una-regione-a-finire-in-zona-rossa-chiariamo-i-21-indicatori.

[20] Vedi https://www.repubblica.it/cronaca/2020/05/03/news/the_day_after-255505715/.

[21] Vedi https://www.agi.it/dar01/news/2020-08-12/coronavirus-sardegna-discoteche-solinas-9399941/. Il testo dell'ordinanza si trova al link https://www.regione.sardegna.it/documenti/1_422_20200812092406.pdf.

[22] Vedi, per esempio, https://www.nextquotidiano.it/cassa-integrazione-pagamenti-promessi-venerdi-da-tridico-sono-arrivati/.

[23] Vedi il mio pezzo apparso sul sito di "Repubblica" scritto insieme a Federica Paudice al link https://www.repubblica.it/cronaca/2020/10/24/news/terapie_intensive_aumento-271669887/.

[24] Vedi https://www.ilmessaggero.it/economia/news/ammortizzatori_cig_covid_pisauro_upb-5372660.html. È possibile che una richiesta di cassa integrazione possa legittimamente venire anche da imprese senza un calo del fatturato, ma che stanno vendendo (per soddisfare ordini pre-Covid) le scorte di magazzino, pur avendo ridotto la produzione. Ma che un quarto delle imprese si sia trovato in questa situazione è davvero strano. Gli abusi sono proseguiti nell'autunno. Vedi per esempio l'articolo al link https://www.corriere.it/economia/aziende/20_novembre_28/trufferistoricorriere-web-sezioni-73050864-31b6-11eb-a0a5-b463942ad8f1.shtml.

2. I soldi dell'Europa

[1] Vedi https://www.europarl.europa.eu/at-your-service/files/be-heard/eurobarometer/2020/plenary-insights-june-2020/en-plenary-insights-june-2020.pdf, domanda Q4.

[2] Sempre secondo l'Ipsos la percentuale è aumentata nei mesi seguenti, ma ancora a settembre 2020 non aveva recuperato il livello pre-Covid (fermandosi al 37 per cento).

[3] Vedi https://twitter.com/AlbertoBagnai/status/1244001024932798465?s=19.

[4] Citato da Riccardo Puglisi. Vedi https://twitter.com/ricpuglisi/status/1245656280137527298.

[5] Vedi http://www.meteoweb.eu/2020/04/coronavirus-salvini-appeso-vignetta-bufala/1415620/.

[6] Vedi https://www.repubblica.it/politica/2020/04/09/news/coronavirus_die_welt_e_risposta_di_maio-253551424/.

[7] Ho spiegato questo già nel mio libro *Pachidermi e pappagalli*, dove parlavo di bufale, perché una delle bufale che circolano da un po' di tempo è che i profitti della Banca d'Italia siano destinati alle banche commerciali. Non è vero. Vanno quasi tutti allo stato.

[8] Una precisazione su cui torneremo nel prossimo capitolo: formalmente la Bce non acquista titoli di stato per finanziare i governi. Lo fa per introdurre moneta (la controparte dei suoi acquisti) nell'economia, al fine di aumentare l'inflazione che, attualmente, è più bassa del suo obiettivo del 2 per cento. Di fatto, però, sta finanziando i deficit pubblici dei paesi dell'area dell'euro.

[9] È importante notare che le commissioni bancarie sono *una tantum*, al contrario di quanto riportato da alcuni giornali, anche per una non chiara comunicazione da parte del ministero dell'Economia e delle Finanze.

[10] Non aggiungo le risorse che l'Italia potrebbe ricevere tramite la linea di

credito del Mes per il finanziamento degli effetti diretti e indiretti della crisi sanitaria, perché non credo che, alla fine, l'Italia la utilizzerà, anche se sarebbe vantaggioso (vedi il capitolo 4).

[11] Giampaolo Galli, Enrico Letta ed io avanzammo una proposta in questa direzione il 2 aprile 2020. Vedi https://www.repubblica.it/economia/2020/04/03/news/coronavirus_come_raggiungere_un_accordo_nell_eurogruppo-253037535/). La proposta è stata pubblicata anche dal giornale tedesco "Handelsblatt" il 3 aprile.

[12] Vedi la nota di Raffaela Palomba e Federica Paudice al link https://osservatoriocpi.unicatt.it/cpi-archivio-studi-e-analisi-quanto-risparmia-l-italia-con-i-prestiti-dello-sure-e-del-recovery-fund.

[13] Vedi la nota di Stefano Olivari al link https://osservatoriocpi.unicatt.it/cpi-archivio-studi-e-analisi-come-sara-finanziato-il-deficit-e-il-fabbisogno-lordo-di-finanziamento.

[14] L'eccezione riguardava i trasferimenti dei cosiddetti "fondi strutturali", volti a favorire lo sviluppo delle aree più svantaggiate dell'Unione. Queste risorse sono erogate a fondo perduto ma sono piccole, sono sempre esistite e non hanno nulla a che vedere con la risposta alle sopracitate crisi.

[15] Gli interventi (attraverso le cosiddette Outright Monetary Transactions o OMT) avrebbero richiesto un programma erogato dal Mes, il che avrebbe presumibilmente comportato un elevato grado di condizionalità macroeconomica.

[16] Vedi https://osservatoriocpi.unicatt.it/cpi-archivio-studi-e-analisi-i-trasferimenti-finanziari-tra-italia-e-ue-chi-dice-la-verita-tra-juncker.

3. *La cornucopia*

[1] Nella pratica le cose sono un po' più complicate perché la Bce, tramite le banche centrali dei vari paesi, non compra titoli direttamente dagli stati. Questo è vietato dal suo statuto che proibisce un finanziamento diretto del settore pubblico. La Bce compra titoli sul "mercato secondario", cioè compra titoli già in circolazione detenuti dalle banche. Attenzione però: non sta finanziando le banche, ma sta finanziando lo stato. Vediamo perché con un esempio (la cosa spesso non è compresa). Un giorno lo stato (attraverso il meccanismo delle aste, ma questo non è rilevante) vende BTP per 1000 euro alla banca A. La banca A paga lo stato con i depositi che la banca A ha alla Bce (la Bce è come la banca delle banche): il conto della banca A presso la Bce scende di 1000 e quello dello stato sempre alla Bce (il conto corrente di tesoreria) aumenta di 1000. Dopo un po' di tempo, la Bce compra i BTP dalla banca A, acquisisce nel proprio attivo i BTP e accredita il conto della banca A presso la Bce. Quindi, dopo questa transazione, troviamo che lo stato ha 1000 euro in più presso la Bce, la Bce ha acquisito i titoli di stato e la banca A torna ad avere lo stesso ammontare di depositi presso la Bce che aveva originariamente. Che succede poi? Lo stato spende i 1000 euro per pagare, per esempio, gli stipendi degli insegnanti accreditando i loro depositi presso la banca A e la banca deposita il ricavato presso la Bce. A questo punto lo stato tornerà ad avere gli stessi depositi presso la Bce che aveva originariamente, ma avrà un maggiore debito verso la Bce (i BTP emessi). Gli insegnanti avranno più depositi per 1000 euro alla banca A, la banca A avrà più depositi alla Bce, e la Bce avrà più BTP.

[2] Nelle definizioni statistiche il termine "moneta" indica tutte le attività che possono essere utilizzate come mezzo di pagamento da famiglie e imprese. Questo comprende non solo monete e banconote, ma anche i depositi bancari che

possono essere utilizzati per pagamenti attraverso bonifici (o assegni) e, talvolta, altri depositi che sono molto liquidi e che quindi possono essere facilmente convertiti in strumenti di pagamento. La "moneta" è dunque un insieme di passività della banca centrale (banconote) e delle banche commerciali (depositi) detenute da famiglie e imprese. Il termine "base monetaria" si riferisce invece alle passività della banca centrale e comprende, oltre alle banconote, anche i depositi detenuti presso la banca centrale delle banche commerciali. Si chiama "base monetaria" perché è la base che le banche possono utilizzare per far crescere i depositi e, quindi, la moneta come sopra definita: quanto sono più alti i depositi di famiglie e imprese presso le banche commerciali o i prestiti da queste concessi, tanto più dovranno essere alti i depositi detenuti dalle banche commerciali presso la banca centrale, come riserva di liquidità per proteggerle in caso di prelievo dei depositi. Viceversa, tanto più alti sono i depositi delle banche commerciali presso la banca centrale (cioè tanto più alta è questa componente della base monetaria), tanto più alto è il livello (o il potenziale livello) di prestiti e depositi bancari.

[3] Le banche commerciali non utilizzano i loro depositi presso la banca centrale per comprare cose, ma per prestare. La domanda è quindi perché le banche commerciali non prestano di più, cosa che comunque farebbe aumentare la domanda per beni e servizi e, a parità di altre cose, i prezzi.

[4] Ne ho parlato più approfonditamente nel capitolo 2 del mio *Pachidermi e pappagalli* e in una nota scritta con Giampaolo Galli e Francesco Tucci che trovate al link https://osservatoriocpi.unicatt.it/cpi-archivio-studi-e-analisi-che-fine-ha-fatto-la-liquidita-immessa-dalle-banche-centrali.

[5] L'inflazione è solo in parte una questione di eccesso della domanda di beni rispetto alla loro offerta. Dipende anche dalle aspettative stesse sull'inflazione futura (altrimenti non si potrebbe spiegare perché paesi con inflazione altissima possano avere al tempo stesso uno stato di sottoccupazione).

[6] Ci potrebbero essere soluzioni alternative che consentirebbero alla Bce di rispondere a un aumento dell'inflazione senza dover vendere i titoli di stato comprati durante la fase espansiva? Sì, in linea di principio. Visto che il problema è la possibilità che le banche commerciali comincino a utilizzare troppo attivamente i propri depositi alla Bce, quest'ultima potrebbe congelare tali depositi obbligando le banche a detenerli presso di sé attraverso un'esplicita regolamentazione (una "riserva obbligatoria", per usare il termine tecnico). Ne ho parlato in un articolo uscito sul "Financial Times" il 4 maggio 2020 (vedi https://www.ft.com/content/f0c80837-0580-4e07-a83e-1bce3e0286c1). Ma una soluzione di questo tipo potrebbe sollevare obiezioni significative: una riserva obbligatoria finirebbe per costituire una tassa sulle banche (la "tassa" deriva del fatto che le banche dovrebbero detenere depositi presso la Bce a tasso zero o quasi invece di poterli investire a tassi di interesse di mercato). Questa "tassa" potrebbe essere passata ai clienti delle banche, attraverso tassi di interesse più alti sui prestiti e più bassi sui depositi. Si tratterebbe di una forma di repressione finanziaria. In ogni caso, anche questa soluzione porterebbe comunque a un aumento dei tassi di interesse sui titoli di stato, anche se probabilmente inferiore a quello che si avrebbe con la vendita di titoli di stato sui mercati finanziari.

[7] Alla fine anche nel luglio 2012 l'annuncio di Draghi del "*whatever it takes*" fu preceduto da una decisione politica presa dai leader europei sulla necessità di introdurre un meccanismo che calmierasse gli spread (vedi, per esempio, https://www.repubblica.it/economia/2012/06/28/news/anti-spread_nuova_ipotesi_consiglio_ue-38171001/), decisione forse motivata dal fatto che il collasso finanziario dell'Italia avrebbe avuto enormi ripercussioni per il resto dell'Europa.

4. Mes e dintorni

[1] Il trattato che istituiva il Mes veniva a sua volta reso possibile attraverso un piccolo emendamento all'articolo 136 del Trattato sul funzionamento dell'Unione Europea (vedi sotto). Il fatto che il Mes non sia un'istituzione comunitaria, ma il prodotto di un accordo tra paesi, viene spesso criticato perché, si dice, il suo comportamento finirebbe per riflettere posizioni tecnocratiche più che politiche. Il che è alquanto strano visto che, nella pratica, il ruolo della Commissione europea e della "politica" è sempre stato centrale nelle decisioni formalmente prese dal Mes.

[2] Vedi https://www.fanpage.it/economia/mes-di-maio-e-salvini-non-potevano-non-sapere-i-ricordi-di-tria-sulla-trattativa-con-bruxelles/.

[3] La riforma del Mes include anche altri aspetti, che hanno attirato meno attenzione, tra cui il rafforzamento dei prestiti "precauzionali" erogati dal Mes a paesi che, pur conducendo politiche economiche abbastanza equilibrate, sono attaccati dai mercati finanziari per un effetto "contagio" rispetto a paesi considerati simili.

[4] Vedi https://www.adnkronos.com/fatti/politica/2020/07/03/meloni-mes-cavallo-troika-tradira-italiani_4OvNAcCN0i5iKvbBDEh3zH.html.

[5] Vedi https://www.adnkronos.com/fatti/politica/2020/10/18/mes-conte-non-panacea-prendiamo-tasse-tagli-spese_JowLNkZUJznCBrW2JKgsgM.html.

[6] Vedi https://twitter.com/marattin/status/1310639835028258819?s=09.

[7] Nel caso del *quantitative easing* di Draghi i ricorsi non mancarono ma furono regolarmente respinti dalla Corte di giustizia europea.

[8] Vedi https://eur-lex.europa.eu/LexUriServ/LexUriServ.do?uri=OJ:L:2013:140:0001:0010:IT:PDF.

[9] Vedi https://osservatoriocpi.unicatt.it/cpi-archivio-studi-e-analisi-un-breve-chiarimento-sugli-obblighi-informativi-derivanti-dall-uso-del-mes.

[10] Suvvia, e leggetevi pure questa nota, visto che la Commissione si è presa la briga di scriverla per tener buoni i No-Mes: https://ec.europa.eu/info/sites/info/files/economy-finance/annex_2_debt_sustainability.pdf.

[11] In un'audizione parlamentare del luglio 2020 il ministro Gualtieri ha indicato che i prestiti del Ngeu saranno privilegiati (vedi https://www.nextquotidiano.it/prestiti-del-recovery-fund-sono-privilegiati-come-il-mes/).

[12] Vedi l'articolo che ho scritto con Enzo Moavero Milanesi al link https://rep.repubblica.it/pwa/commento/2020/04/27/news/coronavirus_unione_europea_europa_governo_conti_pubblici_mes-255024054/.

PARTE SECONDA
...e ritorno

5. L'uguaglianza di possibilità come principio su cui fondare la nostra società

[1] Vedi *Eguaglianza e libertà*, Einaudi, Torino 1995. Le citazioni sono tratte dalle pp. 16-18 della ristampa del 2020. Sull'equivalenza tra concetto di giustizia e di uguaglianza vedi invece le pp. 8-10.

[2] I tre concetti di uguaglianza sono tra loro connessi, nel senso che chi è a favore dell'uguaglianza delle opportunità è necessariamente a favore dell'ugua-

glianza giuridica, e chi è a favore dell'uguaglianza di fatto presumibilmente non ha nulla da obiettare rispetto all'uguaglianza delle opportunità. Tuttavia, l'enfasi di questi ultimi sul ruolo ridistributivo dello stato, almeno nelle sue forme più estreme, toglie valore all'aspetto legato al merito nel determinare i risultati, cosa che invece è essenziale per chi sostiene l'uguaglianza delle opportunità come principio chiave.

[3] Per esempio, nel suo recente libro *Capitalismo contro capitalismo* (Laterza, Roma-Bari 2020, p. 15), Branko Milanovic, uno dei massimi esperti di disuguaglianze, usa il termine "uguaglianza meritocratica" per indicare un sistema "in cui le carriere sono aperte ai talenti – ossia non vi sono ostacoli giuridici che impediscano agli individui di raggiungere una determinata posizione nella società – e che accetta pienamente l'eredità delle proprietà". Al contrario l'uguaglianza liberale "è più egualitaria perché compensa, in parte, l'eredità della proprietà imponendo tasse di successione elevate e include l'istruzione gratuita come mezzo per ridurre la trasmissione intergenerazionale dei vantaggi". Nel far questo Milanovic riprende termini introdotti da uno dei classici in tema di giustizia sociale, *Una teoria della giustizia* di John Rawls pubblicato nel 1971 da Harvard University Press (ultima edizione italiana: Feltrinelli, Milano 2008).

[4] Luigi Einaudi, *Concetti e limiti della uguaglianza nei punti di partenza* (p. 183), in *Lezioni di politica sociale*, Edizioni Scientifiche Einaudi, Torino 1949.

[5] Da questo punto di vista, il passaggio più rilevante di *Imagine* è il seguente: "*Imagine no possessions / I wonder if you can / No need for greed or hunger / A brotherhood of man / Imagine all the people sharing all the world*". In una trasmissione televisiva del luglio 2020 la leghista Susanna Ceccardi (poi in parte ripresa da Giorgia Meloni) dichiarò che *Imagine* era un inno comunista e marxista. A pensarci bene, qualche aggancio ci sta.

[6] Vedi il libro di Zingales pubblicato da Rizzoli nel 2012 *Manifesto capitalista. Una rivoluzione liberale contro un'economia corrotta*, recensito al sito https://www.trend-online.com/prp/zingales-su-italia-meritocrazia/.

[7] Altri termini possono essere usati. Il concetto di uguaglianza di possibilità non mi sembra differisca molto, per esempio, da quello di "*equality of autonomy*" proposto da Amartya Sen, di recente ripreso in Italia da Fabrizio Barca e Patrizia Luongo nel libro *Un futuro più giusto* (il Mulino, Bologna 2020) e che gli autori riassumono nella "capacità che ognuno ha di scegliere liberamente di raggiungere" i risultati che si desiderano ottenere. Intendo tale "capacità" come possibilità, come condizione necessaria per il raggiungimento di certi risultati. Se la si intendesse relativamente al raggiungimento effettivo di certi risultati, si finirebbe col richiedere allo stato di garantire il raggiungimento di qualunque obiettivo un individuo desideri conseguire, non importa quanto tale obiettivo possa essere lontano dalle proprie doti.

[8] Simili temi sono discussi in un precedente libro, *The Tyranny of the Meritocracy: Democratizing Higher Education in America*, di Lani Guinier della Harvard Law School, pubblicato da Beacon Press nel 2015. Vale anche la pena ricordare che il termine inglese "meritocracy" sembra essere stato coniato, fin dall'inizio, con una connotazione negativa, da Michael Young nel suo romanzo satirico *The Rise of Meritocracy* (pubblicato in Italia come *L'avvento della meritocrazia*), del 1958, che descriveva un mondo in cui la meritocrazia, portata all'eccesso, generava insostenibili differenze sociali.

[9] Trovate una raccolta di lavori del Fondo monetario in quest'ambito al link https://www.imf.org/en/Topics/Inequality.

[10] La curva è riprodotta al link https://en.wikipedia.org/wiki/Great_Gatsby_curve.

[11] Vedi il rapporto al link https://www.worldbank.org/en/topic/poverty/publication/fair-progress-economic-mobility-across-generations-around-the-world. Del mancato funzionamento dell'ascensore sociale in Italia si occupa anche Federico Fubini nel suo libro *La maestra e la camorrista*, pubblicato da Mondadori nel 2018. Un precedente lavoro di Guglielmo Barone e Sauro Mocetti (*La mobilità intergenerazionale nel lunghissimo periodo*, Temi di discussione, n. 1060, Banca d'Italia) mostra che le famiglie ricche della Firenze del 1427 sono, in media, rimaste ricche quasi sei secoli dopo, nel 2011.

[12] Vedi il volume "A broken Social Elevator? How to Promote Social Mobility", OECD, 2018. I dati nel testo sono tratti dal capitolo 1. Vedi https://www.worldbank.org/en/topic/poverty/publication/fair-progress-economic-mobility-across-generations-around-the-world (in particolare la figura 1.13).

[13] Vedi un sommario di questi studi al link https://medlineplus.gov/genetics/understanding/traits/intelligence/.

[14] Nello scorso decennio 250.000 giovani hanno lasciato l'Italia, al netto dei pochi che sono rientrati. Vedi https://www.ilsole24ore.com/art/in-10-anni-l-italia-ha-perso-250mila-giovani-fuga-all-estero-costa-16-miliardi-AC0kqkp.

6. Dal principio generale a un'agenda politica

[1] Vedi la nota di Alessandro Caiumi al link https://osservatoriocpi.unicatt.it/cpi-archivio-studi-e-analisi-la-spesa-per-la-pubblica-istruzione.

[2] Vedi https://www.corriere.it/scuola/universita/18_aprile_09/italia-penultima-ue-giovani-laureati-ci-batte-solo-romania-5487ada4-3c0b-11e8-b32d-1ffee392ceeb.shtml.

[3] Vedi la nota di Edoardo Frattola al link https://osservatoriocpi.unicatt.it/cpi-archivio-studi-e-analisi-asili-nido-a-che-punto-siamo-e-quante-risorse-servirebbero-per-potenziarli.

[4] Vedi https://heckmanequation.org/resource/the-heckman-curve/.

[5] Vedi https://resourcecentre.savethechildren.net/library/best-start-inequality-and-opportunities-first-years-life-0.

[6] Come indicato nel già citato lavoro di Edoardo Frattola, per portare la copertura degli asili nido dall'attuale 24-25 per cento al 33 per cento occorrerebbero investimenti per circa 2 miliardi e una maggiore spesa corrente per 1 miliardo. Per portare la copertura al 60 per cento occorrerebbe un investimento di 8 miliardi e una maggiore spesa corrente di 4 miliardi.

[7] Vedi la nota di Matilde Casamonti e Stefano Olivari al link https://osservatoriocpi.unicatt.it/cpi-archivio-studi-e-analisi-scuola-statale-abbiamo-pochi-insegnanti-o-abbiamo-insegnanti-poco-pagati.

[8] Vedi link https://read.oecd-ilibrary.org/education/education-at-a-glance-2016_eag-2016-en#page396, p. 394.

[9] Vedi https://www.huffingtonpost.it/entry/destinare-parte-del-recovery-fund-alla-sicurezza-scolastica_it_5fbb8702c5b68ca87f7d0153.

[10] A p. 18 del volume *OECD Reviews of Health Care Quality: Italy 2014*.

[11] Vedi https://formiche.net/2020/04/sistema-sanitario-lombardia/.

[12] Il gettito del superticket era previsto inizialmente pari a circa 800 milioni, ma alcune regioni avevano preferito introdurre misure alternative alla sua intro-

duzione nel 2011. Vedi la nota di Pietro Mistura al link https://osservatoriocpi.unicatt.it/cpi-archivio-studi-e-analisi-il-superticket-della-sanita.

[13] Vedi intervista sul "Corriere della Sera" del 15 settembre 2019.

[14] E non si dica che questo spingerebbe verso i servizi totalmente privati quelli a cui sarebbe richiesto di pagare un superticket. Si tratterebbe comunque di importi limitati che non influirebbero sulla scelta tra pubblico e privato che, invece, dipende per esempio dai tempi di attesa del pubblico, che si ridurrebbero in presenza di maggiori risorse da superticket.

[15] Le informazioni seguenti sono tratte da una nota di Carlo Valdes che trovate al link https://osservatoriocpi.unicatt.it/cpi-archivio-studi-e-analisi-le-pensioni-di-invalidita-e-i-possibili-abusi-le-analisi-e-i-dati-dell.

[16] La confusione tra i due concetti è, per esempio, presente nella proposta di legge costituzionale avanzata nel 2013 da Giorgia Meloni e da altri deputati che poi confluirono in Fratelli d'Italia. La relazione che introduce la proposta parte dal concetto di uguaglianza di opportunità (come viene definito nel testo) che, con tanto di richiami a Luigi Einaudi, sembra riferirsi al concetto di uguaglianza intragenerazionale. Le proposte invece riguardano chiaramente l'uguaglianza tra generazioni diverse; comportavano infatti l'emendamento dell'art. 31 della Costituzione con l'inserimento del seguente testo: La Repubblica "Promuove con appositi provvedimenti la partecipazione dei giovani alla vita politica, economica e sociale. Informa le proprie scelte al principio di equità tra generazioni". Vedi http://documenti.camera.it/_dati/leg17/lavori/schedela/apriTelecomando_wai.asp?codice=17PDL0011360.

[17] Vedi https://www.theglobeandmail.com/opinion/roasted-toasted-fried-and-grilled-climate-change-talk-from-an-unlikely-source/article8077946/.

[18] A dire il vero c'è chi sostiene che passare a un mondo di emissioni zero non costerebbe nulla ai bilanci familiari. Tra questi il rapporto del World Economic Forum e di McKinsey che trovate al link https://www.weforum.org/agenda/2020/12/european-union-achieve-net-zero-emissions-2030/. Il rapporto però non fornisce dettagli su come questa conclusione sia raggiunta né se, al di là del settore famiglie, altri settori (lo stato, le imprese) pagherebbero il conto della decarbonizzazione.

[19] Trovate un riassunto conciso dell'attuale situazione in un articolo di Ian Parry al link https://www.imf.org/external/pubs/ft/fandd/2019/12/the-case-for-carbon-taxation-and-putting-a-price-on-pollution-parry.htm.

[20] Vedi https://www.minambiente.it/sites/default/files/archivio/allegati/sviluppo_sostenibile/csa_ii_edizione_2017_luglio_2018.pdf.

[21] L'Environmental Performance Index elaborato dalla Yale University, dalla Columbia University e dal World Economic Forum è positivamente correlato al reddito pro capite. Vedi https://epi.yale.edu/downloads/epi2020report20200911.pdf, Executive Summary.

[22] Il Bilancio di genere viene preparato ogni anno in base alla legge di Riforma del Bilancio dello stato del 2009. Un utile riassunto dell'ultimo Bilancio si trova nella presentazione di Maria Cecilia Guerra al link https://www.camera.it/application/xmanager/projects/leg18/attachments/upload_file_doc_acquisiti/pdfs/000/004/074/Audizione_Bilancio_di_genere_2019_Guerra_19_10_20.pdf.

[23] Vedi https://www.corriere.it/economia/lavoro/20_novembre_23/gender-pay-gap-italia-donne-guadagnano-meno-uomini-fin-dall-inizio-carriera-6c65235c-2da8-11eb-b83d-41802abb4d33.shtml.

[24] Vedi, per gli Stati Uniti, il lavoro al link https://www.nber.org/system/files/working_papers/w26947/w26947.pdf.

[25] Vedi https://eur-lex.europa.eu/legal-content/IT/TXT/PDF/?uri=CELEX:-52020DC0152&from=IT. Questo rapporto contiene anche utili informazioni per la situazione della parità di genere in Europa.

[26] Il fatto che la minore tassazione si riferisca alla seconda persona che entra nel mondo del lavoro, piuttosto che alle donne, dovrebbe evitare possibili problemi di costituzionalità. Fra l'altro, una minore tassazione per le donne è coerente col fatto che l'elasticità nell'offerta di lavoro sembra essere più alta per le donne che per gli uomini, il che significa che uno spostamento della tassazione dalle donne agli uomini creerebbe occupazione. Vedi in proposito il lavoro di Alesina, Karabarbounis e Ichino al link https://www.nber.org/system/files/working_papers/w13638/w13638.pdf.

[27] Vedi https://www.quotidianodelsud.it/laltravoce-dellitalia/le-due-italie/nazionale/2019/12/11/lo-scippo-al-sud-da-60-miliardi-ora-e-allattenzione-della-camera/.

[28] Vedi la nota di Giampaolo Galli e Giulio Gottardo al link https://osservatoriocpi.unicatt.it/cpi-archivio-studi-e-analisi-divari-territoriali-e-conti-pubblici, Tavola 1. Il risultato vale sia che si utilizzino i dati Banca d'Italia/Istat sia i Conti pubblici territoriali elaborati dall'Agenzia per la coesione territoriale.

[29] Vedi la nota di Giampaolo Galli e Giulio Gottardo al sito https://osservatoriocpi.unicatt.it/cpi-archivio-studi-e-analisi-la-spesa-pubblica-e-troppo-bassa-al-sud.

[30] Vedi la nota di Edoardo Frattola al link https://osservatoriocpi.unicatt.it/cpi-archivio-studi-e-analisi-efficienza-pubblica-infrastrutture-e-produttivita-aziendale-le-marche.

[31] Vedi la nota di Giampaolo Galli e Francesco Tucci al link https://osservatoriocpi.unicatt.it/cpi-archivio-studi-e-analisi-la-decontribuzione-al-sud-un-analisi-degli-effetti.

[32] Vedi la figura 2 della nota al link https://www.giampaologalli.it/2020/10/la-mancata-convergenza-del-mezzogiorno-trasferimenti-pubblici-investimenti-e-qualita-delle-istituzioni-di-giampaolo-galli-e-giulio-gottardo-ocpi-2-ottobre-2020/.

[33] Vedi https://www.mise.gov.it/index.php/it/mercato-e-consumatori/legge-per-il-mercato-e-la-concorrenza.

[34] Vedi la nota di Matilde Casamonti e Giulio Gottardo al link https://osservatoriocpi.unicatt.it/cpi-archivio-studi-e-analisi-le-dimensioni-dello-stato-imprenditore-italiano.

[35] Non è esattamente così perché la *flat tax* comporterebbe comunque una *no-tax area* (cioè una parte del reddito che sarebbe inizialmente esentasse). Ma la progressività sarebbe molto limitata.

[36] Vedi il Fiscal Monitor del Fmi dell'ottobre 2017 dal titolo *Tackling Inequality* (in particolare p. 13) che trovate al link https://www.imf.org/en/Publications/FM/Issues/2017/10/05/fiscal-monitor-october-2017.

[37] Vedi il capitolo 1 del mio libro *I sette peccati capitali dell'economia italiana*, pubblicato da Feltrinelli nel 2018.

[38] Per la quota di gettito da tasse su eredità e donazioni rispetto al Pil vedi https://www.ifo.de/DocDL/dice-report-2018-2-drometer-frank-hofbauer-p%C3%A9rez-rhode-schworm-stitteneder.pdf. Per le aliquote marginali vedi https://taxfoundation.org/estate-and-inheritance-taxes-around-world/. Vedi anche la nota di Edoardo Frattola e Giampaolo Galli dal titolo *Pro e contro dell'imposta su successioni e donazioni* sul sito dell'Osservatorio sui conti pubblici italiani, https://os-

servatoriocpi.unicatt.it/cpi-archivio-studi-e-analisi-pro-e-contro-dell-imposta-su-successioni-e-donazioni.

[39] Gli autori riconoscono che esistevano inizialmente dubbi sull'adeguatezza dell'importo. Ma questi dubbi sarebbero stati fugati "ogni volta che siamo entrati, con ragazzi e ragazze, nei dettagli e nella contabilità dei possibili usi".

[40] Vedi https://www.ilfoglio.it/economia/2020/01/26/news/eredita-di-cittadinanza-298236/.

[41] Gli autori sostengono che un trasferimento non dipendente da test del reddito è necessario per evitare che, chi viene da una famiglia che si potrebbe permettere di sostenere i figli, sia condizionato nelle proprie scelte di vita. È vero, ma concedere 15.000 euro a tutti comporta un maggiore costo. Inoltre, quanto è diffuso il problema di genitori oppressivi che si vorrebbe curare con una copertura universale? Non è chiaro. Gli autori sembrano fidarsi del buonsenso dei figli nel gestire i 15.000 euro senza sprecarli, ma non nel buonsenso, e nell'amore, dei genitori verso i figli, nel non forzarne le scelte di vita.

[42] Vedi il link http://www.universal-inheritance.org/. L'idea è sostenuta anche da alcuni esponenti del Partito liberal-democratico del Regno Unito.

[43] Vedi https://www.newscientist.com/article/2242937-universal-basic-income-seems-to-improve-employment-and-well-being/.

[44] Vedi http://dati.istat.it/Index.aspx?DataSetCode=DCCV_DELITTIPS#.

[45] Vedi https://ricerca.repubblica.it/repubblica/archivio/repubblica/2019/09/16/difendo-lo-stile-di-vita-europeo-una-scelta-basata-sui-diritti13.html.

7. *La crescita economicamente sostenibile*

[1] Vedi https://s3.amazonaws.com/sustainabledevelopment.report/2020/2020_sustainable_development_report.pdf, p. 26.

[2] Vedi https://www.economist.com/special/1999/06/03/the-sick-man-of-the-euro.

[3] È stata definita una "tassonomia" per chiarire quali investimenti possano essere considerati "verdi". Il 37 per cento delle iniziative finanziate dal Ngeu deve essere verde e il resto deve essere almeno neutrale, cioè non deve danneggiare l'ambiente.

[4] Vedi https://video.repubblica.it/embed/edizione/roma/l-autobus-in-fiamme-scivola-sulla-strada-in-discesa-l-incidente-nella-notte-a-roma/371586/372191?adref=https://roma.repubblica.it&generation=pageload&responsive=true&autostart=false&width=482&height=272&pm=true&pl_listen=true&el=player_ex_275279010&kwdebug=true&mode=embed.

[5] Vedi http://www.ance.it/docs/docDownload.aspx?id=53157.

[6] Per una descrizione del decreto Semplificazioni vedi la nota di Beatrice Bonini, Giampaolo Galli e Pietro Mistura al link https://osservatoriocpi.unicatt.it/cpi-archivio-studi-e-analisi-il-codice-dei-contratti-pubblici-cosa-ne-rimane-dopo-revisioni-riforme.

[7] Su questo tema, vedi anche il libro *L'Italia immobile* di Michele Corradino, pubblicato da Chiarelettere nel 2020.

[8] Vedi in proposito il mio libro *I sette peccati capitali dell'economia italiana*, p. 83.

[9] Vedi il lavoro di Luca Gerotto e Pietro Mistura al link https://osservatoriocpi.unicatt.it/cpi-Nota%20Cuneo%20Fiscale.pdf.

[10] Per il processo gestito dal dipartimento della Funzione pubblica, vedi la no-

ta di Fabio Angei e Francesco Tucci al link https://osservatoriocpi.unicatt.it/cpi-archivio-studi-e-analisi-la-valutazione-della-performance-della-pa-alcuni-spunti-di-riflessione. Per il processo gestito dal ministero dell'Economia e delle Finanze, vedi la nota, degli stessi autori, al link https://osservatoriocpi.unicatt.it/cpi-archivio-studi-e-analisi-performance-budgeting-un-analisi-del-caso-italiano.

[11] Questa proposta è contenuta anche nel libro *Riprendiamoci lo stato. Come l'Italia può ripartire*, di Tito Boeri e Sergio Rizzo, pubblicato da Feltrinelli nel 2020.

[12] Per la giustizia civile, vedi la nota di Matilde Casamonti al link https://osservatoriocpi.unicatt.it/cpi-archivio-studi-e-analisi-la-giustizia-civile-italiana-resta-la-piu-lenta-d-europa-ma-c-e-qualche. Per la giustizia amministrativa vedi la nota di Fabio Angei e Federica Paudice al link https://osservatoriocpi.unicatt.it/cpi-archivio-studi-e-analisi-la-durata-dei-ricorsi-processi-amministrativi-in-italia.

[13] Vedi https://osservatoriocpi.unicatt.it/cpi-archivio-studi-e-analisi-come-ridurre-i-tempi-della-giustizia-civile.

[14] Vedi la nota di cui sono autore insieme a Giulio Gottardo al link https://osservatoriocpi.unicatt.it/cpi-archivio-studi-e-analisi-come-rilanciare-la-crescita-investendo-nella-ricerca in cui si illustra il piano proposto da Ugo Amaldi in quest'area.

[15] Nel 1999 le esportazioni italiane di beni e servizi erano il 49 per cento di quelle tedesche. Nel 2010 si erano ridotte al 37 per cento di quelle tedesche. Nel 2019 avevamo perso ancora un po', ma non molto (eravamo al 35 per cento delle esportazioni tedesche).

Indice